CLAVES
Sociedad, economía, política

D1456026

Cómo acabar con la pobreza

Qué es lo que funciona cuando
los métodos tradicionales fracasan

**BLUE ISLAND
PUBLIC LIBRARY**

Cómo acabar con la pobreza

Qué es lo que funciona cuando los métodos tradicionales fracasan

Paul Polak

OCEANO

Diseño de portada: Ivonne Murillo
Fotografía del autor: Ray Ng
Fotografía de portada: © Betty Londergan and What Gives, 2010
Fotografías de interiores: © Paul Polak, IDE
Fotografía de la página 165: © Keren Su / Corbis

CÓMO ACABAR CON LA POBREZA
Qué es lo que funciona cuando los métodos tradicionales fracasan

Titulo original: OUT OF POVERTY. WHAT WORKS WHEN TRADITIONAL APPROACHES FAIL

Tradujo Enrique Mercado

© 2008, Paul Polak

© Gabriel Zaid (por el prólogo)

Publicado según acuerdo con Berret-Koehler Publisher, Inc., San Francisco, CA, USA

D. R. © Editorial Océano de México, S.A. de C.V.
Boulevard Manuel Ávila Camacho 76, 10º piso,
Colonia Lomas de Chapultepec
Miguel Hidalgo, C.P. 11000,
México, D.F.
Tel. 9178 5100
info@oceano.com.mx

Primera edición: 2011

ISBN: 978-607-400-525-7

*Quedan rigurosamente prohibidas, sin la autorización
escrita del editor, bajo las sanciones establecidas en las leyes,
la reproducción parcial o total de esta obra por cualquier medio
o procedimiento, comprendidos la reprografía y el tratamiento
informático, y la distribución de ejemplares de ella mediante
alquiler o préstamo público.*

Hecho en México / Impreso en España
Made in Mexico / Printed in Spain

9003117010611

Para mi esposa, Aggie, mis hijas —Amy, Kathryn y Laura—
y los pequeños agricultores que, como Krishna Bahadur Thapa,
hacen música con las palabras

ÍNDICE

Salir de pobres

Gabriel Zaid

El título de este libro parece exagerado, pero refleja una larga experiencia práctica. Es el testimonio de una vida empresarial dedicada a remediar la pobreza con éxito notable. Es un libro optimista y convincente sobre los 800 millones de personas que viven con un dólar diario o menos.

Es difícil imaginar cómo se puede vivir con tan poco dinero. Paul Polak prefirió no fantasear. Desde hace muchos años los visita, platica con ellos, les pregunta cómo le hacen y (lo más asombroso de todo) no los compadece: ¡los trata como clientes! Trata de pensar qué medios de producción pudiera venderles, y los ha ido encontrando. Por ejemplo: una bomba de agua sin motor, que se mueve con dos tramos de bambú como pedales (poniendo todo el peso del cuerpo, primero en un pie y luego en otro, como en las máquinas para hacer ejercicio). Pueden verse videos en YouTube.com, bajo treadle pump. Requiere mucho trabajo: de dos a seis horas diarias de pedaleo. Pero la vende en ocho dólares (y cuesta otros 25 perforar para instalarla) en Bangladesh, donde hay agua cerca de la superficie y mucha gente desocupada. Ha vendido dos millones.

Polak no es diseñador, ni trabajador social, sino empresario. Lo que hace es estudiar el mercado y definir qué tipo de producto podría tener éxito. La bomba fue diseñada por un ingeniero noruego, pero Polak no se quedó en el diseño. Desarrolló una red de productores, distribuidores e instaladores locales. Contrató a cirqueros ambulantes para que compusieran una canción sobre la bomba, la cantaran en ferias pueblerinas y repartieran volantes sobre el distribuidor más cercano. Patrocinó una película donde la bomba es parte de la trama, y la exhibe en camionetas, de pueblo en pueblo.

Polak llegó de niño a Canadá con sus padres, que huyeron de Checoeslovaquia en 1939. Llegaron, como se dice, con una mano atrás y otra adelante. A los doce años fue bracero en campos agrícolas, y a los quince se lanzó a sembrar por su cuenta, asociándose con un granjero que tenía tierra sin uso. Pero entró a la universidad, se graduó como psiquiatra y atendió una vez a un paciente (del sistema de salud) que vivía en la calle. En vez de escucharlo en su consultorio, empezó a acompañarlo en sus vagabundeos y dificultades para vivir. Pronto imaginó posibles microempresas manejadas por vagabundos para vagabundos.

13

Por ejemplo: un servicio de cajas con llave para guardar sus cosas. Algo que nadie (desde un escritorio remoto) hubiera pensado que hacía falta.

Así acabó en Bangladesh vendiendo sistemas de irrigación para minifundistas dedicados a la siembra de temporal. ¿Cómo hacer que ganen otro dólar diario, por lo pronto? Con una cosecha adicional, fuera de temporada, de algo con buena demanda y buen precio, como ciertas verduras. Pero, ¿de dónde sacar agua cuando no llueve, con inversiones microscópicas? En primer lugar, de la lluvia, almacenándola en grandes salchichas de plástico sumergidas en la tierra, que cuestan muchas veces menos que los aljibes. En segundo lugar, con una bomba de pedal que la extrae de esa reserva (o de un pozo, o de un arroyo cercano) y la sube a una barrica de plástico, elevada un metro. Desde ahí, baja lentamente al sembrado, con tubos de plástico perforados para riego por goteo, más baratos que los sistemas motorizados.

El Copper-Hewitt National Design Museum de Nueva York presentó una exposición con los productos que ha desarrollado y otros semejantes. El catálogo (*Design for the other 90%*, de venta en Amazon) muestra en la portada una especie de popote grueso que es realmente un filtro para beber a salvo de aguas cenagosas. Muchos de los equipos que ofrece Polak fueron diseñados por otros, y promueve que las escuelas de ingeniería y diseño industrial desarrollen medios de producción baratos. También asesora a trasnacionales que quieran comercializarlos.

Polak recibió de la revista *Scientific American* el premio Top Fifty 2007 por su liderazgo en política agrícola. La Fundación Gates le acaba de dar 27 millones de dólares para que desarrolle la microirrigación en la India. Sobre International Development Enterprises, que fundó en 1981, hay información en Google, Wikipedia y YouTube.

No hace falta añadir que la microirrigación es aplicable en México. Pudiera combinarse, por ejemplo, con los proyectos de reforestación o con la siembra de jatrofa, cuyas semillas producen biocombustibles.

Tomado de *Empresarios oprimidos*
(Random Debolsillo, 2010) con autorización

PREFACIO

M i nieto Ethan, que tiene quince meses de edad, se ha enamorado de una entrada vecina. Queda a dos casas de la suya, en Sebastopol, California, y al parecer rebosa de guijarros multicolores. Ethan se detiene ahí cuando lo llevo a pasear, y después no quiere marcharse. Toma un puñado de piedritas e inspecciona con cuidado cada una. Pone en mi mano una tras otra, muy atento, y yo se las devuelvo hasta que la suya vuelve a llenarse. No sé quién le asignó la tarea de voltear una y otra vez cada piedra en su palma hasta comprender su esencia, pero él la ha aceptado, y no la abandona hasta terminar. Se deja caer sobre sus posaderas, junta guijarros en una pila, me ve, deshace el montón y se ríe. Puede seguir así horas interminables, y si lo cargo para llevarlo a casa, llora. Su curiosidad juguetona es contagiosa, y supongo que yo heredé muchos genes de él, porque somos iguales. También yo vivo para jugar y satisfacer mi curiosidad.

En los últimos veinticinco años, dos preguntas han despertado mi curiosidad: ¿qué vuelve pobres a los pobres? ¿Y qué pueden hacer con su pobreza?

En virtud de estas preguntas peliagudas, he dormitado en centenares de largos trayectos en jeep por caminos polvorientos y llenos de baches en compañía de buenos amigos. He sostenido miles de conversaciones con pequeños agricultores de manos terregosas. He recorrido a su lado solares de parras de pimienta negra de tres metros de alto en los montes del centro de Vietnam, junto a selvas marcadas para siempre por el agente naranja. Hemos atravesado sus desperdigadas parcelas de un octavo de hectárea en las pardas llanuras invernales del delta del Ganges, en Uttar Pradesh, y ellos me han ofrecido más tazas de humeante té de las que, a mis setenta y tres años, mis riñones pueden aceptar. Me encanta descubrir cosas nuevas gracias a personas que nadie parece escuchar, y convencerlas de poner a prueba algunas de las ideas descabelladas que se nos ocurren juntos. Conversar con campesinos pobres me ha enseñado más que cualquier otra cosa en la vida.

Aquí contaré la historia de algunas de esas personas, y describiré parte de lo que me han enseñado. Contaré la historia de Krishna Bahadur Thapa y su familia, y de cómo pasaron de sobrevivir con menos de un dólar al día a ganar 4,800 dólares al año de su parcela de una hectárea en los cerros de Nepal. Contaré además muchas otras historias como la de Bahadur, y espero que cada una de ellas satisfaga, al menos en parte, la curiosidad del lector

15

sobre cómo viven y sueñan los muy pobres. Pero lo mejor es que lo que aprendí de ellos se ha aplicado ya a sencillas estrategias que otros millones de personas han seguido para acabar de una vez por todas con su pobreza.

Cada una de las soluciones prácticas a la pobreza que describiré aquí es obvia y directa. Por ejemplo, dado que ochocientos millones de personas cuyas familias sobreviven con menos de un dólar al día se ganan la vida en pequeñas parcelas, ¿por qué no empezar buscando la manera de que ganen más en la agricultura? Y como estos campesinos trabajan a cambio de menos de un dólar al día, ¿por qué no indagar la forma en que puedan aprovechar su muy bajo índice salarial produciendo cultivos comerciales de alto valor e intensivos en mano de obra y vendiéndolos en la temporada del año en que alcanzan su precio más alto? Si es cierto que el sentido común no lo es en realidad, y que ver y hacer lo obvio lo es menos aún, algunas de las conclusiones que he extraído de mis conversaciones con los pobres sorprenderán al lector: hacen caso omiso de la teoría y práctica convencional del campo del desarrollo.

Me desagradan los libros sobre la pobreza que me hacen sentir culpable, y los secos y académicos que adormecen. El combate a la pobreza es un campo dinámico y emocionante, capaz de generar esperanza e inspiración, no sensaciones lúgubres. Conocer la verdad de la pobreza da origen a innovaciones inquietantes, que pueden enriquecer la vida de los ricos aún más que la de los pobres.

En la primera sección de este libro se explicará cómo me interesé en la pobreza, se describirá el proceso que se me enseñó para buscar soluciones creativas a casi todos los principales problemas sociales y se cuestionarán los tres grandes mitos de la erradicación de la pobreza, los cuales han inhibido la ejecución de lo obvio para terminar con ella.

En la sección que le sigue, del capítulo 3 al 8, se describirá lo que muchos pequeños agricultores me enseñaron: un método práctico capaz de poner fin a la pobreza de ochocientos millones de las personas que, en el mundo entero, viven con un dólar al día. Es indudable que el paso más importante que puede dar la gente para salir de la pobreza es aprender a ganar más. Para hacerlo, debe montar empresas de base —casi todos los pobres son ya empresarios de subsistencia firmes y perseverantes— y buscar la manera de que sean más rentables. Para las pequeñas empresas agrícolas, el camino a la riqueza nueva está en producir cultivos comerciales centrados en el mercado, de alto valor e intensivos en mano de obra. Para lograr esto, los campesinos pobres precisan de irrigación accesible, una nueva generación de métodos e insumos agrícolas adaptados a microgranjas, la creación de mercados robustos que les ofrezcan las semillas y fertilizantes que necesitan y entrada libre a mercados en los que puedan vender sus productos con ganancia. Esta gama de nuevos productos y servicios para clientes pobres sólo puede derivarse de una revolución en el ejercicio actual del diseño, basada en una búsqueda incesante de la accesibilidad. En el capítulo 9 se describirá cómo aplicar los principios detallados en los capítulos previos a favor de los pobres que viven en las barriadas y calles de las ciudades de los países en desarrollo.

En la última sección, el capítulo *La pobreza y el planeta* describirá el papel central de la pobreza en la mayoría de los problemas que enfrenta el planeta Tierra, y en el siguiente *Acciones para terminar con la pobreza* lo que donadores, gobiernos, universidades, institutos de investigación y el resto de nosotros podemos hacer para acabar con la pobreza. En el último capítulo se contará cómo Bahadur y su familia salieron finalmente de la pobreza.

Espero que, al terminar de leer este libro, el lector se sienta fortalecido e inspirado. Todavía queda mucho por hacer.

Paul Polak charla con Deu Bahadur Thapa y Bhimsen
Gurung en el pueblo de Ekle Phant, Nepal

Introducción

Aprender a hacer lo simple y obvio

Tenía doce años cuando supe que podía ganar cinco centavos cosechando un cuarto de fresas. Así que en la cosecha de 1945, a mediados de junio, mis amigos y yo nos pusimos a trabajar. Antes de terminada la temporada ya cosechaba doscientos cuartos diarios, y volvía a casa con diez dólares en la bolsa. Esto me dio que pensar.

"Si puedo ganar diez dólares al día cosechando fresas", me dije, "¡cuánto más no ganará el dueño del terreno!". Decidí en el acto dedicarme a sembrar fresas.

Así, cuando tenía quince años convencí a dos agricultores locales de asociarse conmigo. Morley Leatherdale trabajaba en la ciudad y criaba caballos trotadores en su tiempo libre. Atrás de su casa disponía de un magnífico terreno, extenso y arcilloso, de una hectárea, que aceptó aportar al cultivo de fresas. Ed Cummins había heredado de su padre sesenta y cinco hectáreas de excelentes tierras de labranza, junto con una enorme casa victoriana de ladrillo que a mí me parecía un palacio. Él aportó una espléndida parcela de dos hectáreas de fértiles tierras arenosas al fondo de su propiedad.

El primer paso fue aplicar una gruesa capa de abono en ambos terrenos. Ed tenía un establo de veinte vacas lecheras; su dotación de estiércol era más que abundante. Una mañana de primavera, él y yo enganchamos su tiro de caballos al esparcidor de abono y nos pusimos a llenarlo con bieldos. Ed se escupía las manos y arrojaba una carga tras otra, a paso lento pero firme. Tenía casi sesenta años, en tanto que yo me hallaba en óptima condición física, así que supuse que aquélla era una buena oportunidad para ponerlo en evidencia.

"Esto es pan comido", pensaba mientras paleaba abono a toda velocidad. Aventajé fácilmente a Ed durante media hora, pero en la siguiente pareció alcanzarme. Al cabo de dos horas, lleno ya el esparcidor, me había batido por completo. Peor todavía, apenas si sudaba, mientras que yo lo hacía como un cerdo a punto de desfallecer.

Una vez llena la cargadora, fuimos a vaciarla al campo. Ed jaló entonces la palanca roja, larga y oxidada que activaba el mecanismo de cadena y trinquete que, unido al eje trasero, llevaba gradualmente el abono hasta una columna horizontal de púas que giraba muy rápido al fondo. Salía vapor del lomo de los caballos bajo el sol tempranero, y terrones de

19

estiércol de vaca volaban alocadamente por el campo. Cubrimos la superficie de rastrojo de trigo de ese terreno con más cargas de las que puedo recordar. Al final, yo estaba exhausto. A la mañana siguiente repetimos el procedimiento. Luego Ed enterró el rastrojo de trigo y el abono y aplanó el campo con una rastra, para dejarlo listo para la sembradora.

Alguien nos prestó una sembradora de doble hilera tirada por caballos; supongo que hoy sólo se le podría ver en un museo. Tenía al frente un arado minúsculo que abría un surco de quince centímetros de profundidad, y atrás dos asientos de metal redondos con base de resorte, donde Morley y yo nos aposentábamos peligrosamente cerca de la tierra mientras la máquina se arrastraba junto a nosotros. Yo tomaba con la mano derecha una planta del semillero frente a mí, y la arrojaba al surco a mi izquierda. Como mi reflejo, Morley hacía lo mismo en el asiento derecho. Nos alternamos el día entero como dos jugadores en un partido de tenis lento e interminable. Tan pronto como poníamos una planta en el surco, la sembradora le vaciaba un chorro de agua desde un tanque arriba, y luego dos rodillos cerraban el surco. Tardamos día y medio en sembrar las tres hectáreas.

Después, mi mayor reto fue eliminar la maleza, salida de quién sabe dónde para competir con mis plantas. Mi principal cómplice en este ataque genocida contra la maleza fue un viejo caballo llamado Dick, quien tenía un grave problema de gases y tiraba de una cultivadora de seis dientes. Terminé por aficionarme al punzante aroma del sudor del caballo mezclado con el cuero caliente de su arnés. El truco consistía en pasar la cultivadora entre las plantas sin arrancarlas. Esto reducía el tiempo de trabajo con el azadón.

Cultivar resultó ser mucho más fácil que limpiar con el azadón. Yo cubría una extensión amplia con un rápido movimiento de corte que dejaba intactas las plantas. En cambio, azadonar una parcela de fresas de dos hectáreas consumía varios días, y al llegar al final de la última hilera ya había que volver a empezar. Supe entonces algo que legiones de campesinos han sabido desde siempre: que el trabajo del campo es espantosamente aburrido.

Al término de ese primer año, mis campos de fresas lucían bien. Pero a diferencia de años anteriores, en que había tenido dinero en la bolsa gracias a la cosecha, esta vez me hallaba en apuros. Quizá ser propietario no era la mina de oro que yo había creído.

Cuando, en junio del año siguiente, llegó la temporada de cosecha, tomé prestado el camión de dos toneladas de mi padre y todas las mañanas, al cuarto para las seis, me presentaba en Dundurn Castle, Hamilton, para recoger a un grupo heterogéneo de robustas ucranianas dispuestas a cosechar fresas. Les pagaba a cinco centavos el cuarto. Ya era un fresero cabal.

Pero antes tuve que buscar dónde vender mi cosecha.

Loblaws era entonces la principal cadena de tiendas de comestibles en Hamilton, como hoy lo es de supermercados y distribución de alimentos en Canadá. Me acerqué a la puerta trasera de la tienda más grande en la ciudad y pedí hablar con el gerente de frutas y verduras, a quien le dije que podía venderle tres hectáreas de fresas frescas.

"¿En cuánto?", me preguntó. Acordamos al punto veinticinco centavos el cuarto.

20

Desde ese día fui el principal proveedor de fresas de Loblaws, y abastecía de fresas a la mitad de los ciento noventa y cinco mil habitantes de Hamilton.

Al llegar la segunda semana de julio ya era momento de saber si había ganado algo en este negocio. Luego de pagar todos los gastos, así como los préstamos de mi padre, en la mesa quedaron 1,400 dólares, por dividir con mis socios. Yo había ganado 700 dólares por el trabajo de dos veranos, equivalentes a 7,000 de hoy. No era una fortuna, pero me pareció mucho entonces.

¿Es ésta una historia como las de Horatio Alger, el clásico autor estadunidense que escribía sobre la pobreza? ¿Fue el primer paso en el establecimiento de un próspero imperio fresero? ¿Yo estaba destinado a convertirme en el rey de las fresas de Ontario, y a vivir felizmente el resto de mis días? Me temo que no. Después de todo, apenas tenía dieciséis años, y pronto empezaron a interesarme más las mujeres, el baile de salón y mi puesto de tercera base en el equipo de softbol de Millgrove. Así que tomé el dinero y corrí.

Ahora, cincuenta y siete años después, me doy cuenta de que mis dos años como fresero me dieron una apreciación clara de lo que implica administrar una pequeña granja y ganar dinero en ello. Esa apreciación ocupa el centro mismo de mi afán de los últimos veinticinco años de buscar soluciones prácticas a la pobreza en el campo. Los retos, oportunidades y desvelos que experimenté en el ramo de la fresa son un reflejo de los retos que hoy enfrentan, todos los días, los pequeños agricultores al tratar de ganarse la vida en desperdigadas parcelas de un octavo de hectárea.

Ahora me doy cuenta de que practiqué la agricultura orgánica antes de que se le diera ese nombre.

Aunque hice solo casi todo el trabajo en esas tres hectáreas de fresas, tuve acceso a arados, cultivadoras y esparcidores de abono tirados por caballos, una ventaja enorme sobre la mayoría de los actuales campesinos pobres de África, quienes, sin acceso a fuerza de tracción animal, deben arar, cultivar y azadonar a mano. La mayoría de los pequeños agricultores del mundo están muy por debajo del nivel de mecanización de tracción animal que yo usé en una pequeña granja de Canadá hace casi sesenta años.

Pero aprendí, asimismo, otras cosas importantes. Aunque me fue muy difícil admitirlo entonces, aprendí que no llegaría lejos en la vida sin pedir ayuda y obtenerla.

Aprendí que se puede ganar mucho en una parcela muy pequeña si se aprende a producir cultivos valiosos, se busca un mercado donde venderlos con ganancia, se dispone de una buena fuente de plantas y fertilizantes accesibles y los cultivos no sufren los efectos de plagas y enfermedades.

Aprendí que aprender cosas nuevas todos los días me daba más placer y felicidad que cualquier otra cosa en la vida.

Aprendí que sol, viento, lluvia y hongos estaban fuera de mi control. Que renunciar a la ilusión del control me permitiría influir en el mundo en una medida mucho mayor que aquella con la que un Rey de la fresa puede soñar.

21

Pasaron treinta años antes de que volviera a vérmelas con la agricultura. Entre tanto asistí a la facultad de medicina, me casé, me hice psiquiatra y dirigí empresas de bienes raíces, petróleo y gas. En 1981 la agricultura me interesó de nueva cuenta. Pero esta vez fueron versiones en miniatura y con herramientas manuales, a diferencia de la granja de fresas de tres hectáreas en la que había reinado. Me puse a aprender lo más posible sobre las parcelas de media hectárea en las que ochocientos millones de pobres de todo el mundo habían aprendido a sobrevivir con menos de un dólar al día. Fue así como nació mi afán de buscar cómo podían ganar mucho más en sus microgranjas.

Muchas personas me piden explicar por qué cambié la psiquiatría por el combate a la pobreza. Pero yo no lo veo como un cambio. Dado que la pobreza desempeña un papel crucial en la frecuencia de toda clase de enfermedades, siempre he creído que conocerla y saber lo que se puede hacer para acabar con ella debería ser una ciencia básica en todas las escuelas de medicina y planes de estudio de psiquiatría. Hace treinta años me convencí de que el mayor impacto positivo que yo podía tener en la salud mundial era dedicarme a buscar cómo terminar con la pobreza.

Me gustaría poder decir que mi labor en el ámbito de la pobreza en los últimos veinticinco años ha seguido un plan cuidadosamente elaborado, pero en realidad se trató de un proceso en el que aproveché oportunidades inesperadas para luego aprender de cada experiencia. Claro que uno mismo es quien se busca sus oportunidades, y también hubo un fuerte elemento de eso. En mi práctica como psiquiatra descubrí pronto que podía conocer mejor a los pacientes con enfermedades mentales graves a los que quería ayudar si hablaba con ellos en su casa o lugar de trabajo y los escuchaba.

Una de las personas de las que más aprendí fue Joe, un individuo pobre además de enfermo mental. Cuando me interesé en el problema de las personas sin hogar, Maryanne Gleason, amiga mía que dirigía la Stout Street Clinic —en la que se ofrecía tratamiento médico a los sin techo en Denver—, me presentó a Joe, quien llevaba viviendo en la calle más de diez años y con quien conviví un día. Al final me sorprendió haber aprendido tanto de él. Pero esto no habría sucedido si yo no hubiera dado tres pasos inusuales en la aproximación a los desamparados.

Primero, en vez de entrevistarme con Joe en mi oficina, conversé con él en el espacio de un metro de alto donde vivía, bajo una zona de carga junto a las vías del tren.

Segundo, me propuse conocer a los desamparados a través de los ojos de Joe, en lugar de suponer que ya sabía mucho sobre el tema por ser psiquiatra.

Tercero, le pedí a Joe que me llevara a los sitios que frecuentaba, y le pregunté todos los detalles que se me ocurrieron sobre cada uno. Fuimos juntos a la licorería donde compraba cerveza y brandy barato, a la estación de tren donde guardaba sus cosas en un casillero, al tejado bajo el cual cocinaba sus alimentos con sus amigos en un anafre de segunda mano y a su casa bajo una zona de carga, donde leía libros acurrucado en un cálido *sleeping bag*, que alguien le había regalado, antes de apagar su lámpara para caer dormido.

Maryanne dispuso que me reuniera con Joe en un comedor comunitario, donde me asombró enterarme de que era uno de los voluntarios más responsables. Dado que aquél era un nevado día de diciembre, yo llevaba puesta ropa abrigadora, y tan pronto como Joe me vio apiló un sándwich de salchicha y un tazón de sopa en una deprimente charola industrial de plástico café y me la tendió. Me sentí apenado. Le dije que ya había comido, le expliqué quién era y le pregunté si podía pasar la tarde a su lado.

"Claro, doc", respondió, "si no le importa esperar a que termine mi turno."

Así que dediqué media hora a leer un libro hasta que él estuvo listo para salir.

"Veo que trae una videocámara, doc", me dijo. "Úsela si quiere."

Nuestra primera escala fue la estación de tren.

"Lo primero que necesita alguien que no tiene hogar es un lugar seguro para guardar sus pertenencias", me explicó. "En la estación de tren los casilleros cuestan setenta y cinco centavos diarios, pero en la de autobuses te roban. Ahí cuestan lo mismo, pero si llegas una hora tarde te cobran 2.50. Y puedes discutir hasta rabiar, pero al final tendrás que pagar 2.50 para recuperar tus cosas."

Dejó caer en la ranura tres monedas de un cuarto de dólar y sacó de su casillero una cama portátil y tres bolsas del súper a reventar. Lo filmé extrayendo de una de ellas, y enseñándome, una lata de tabaco para pipa, una muda de calcetines, ropa interior limpia y una botella de medio litro de aguardiente de menta. Su cama portátil consistía en una pesada cobija de lana, bien amarrada con dos cinturones de cuero en torno a un fino y abrigador *sleeping*.

Nevaba ligeramente cuando recorrimos con dificultad las vías al norte de Union Station. Joe caminaba un poco encorvado, hundiendo los pies en la nieve uno tras otro. Con cuarenta y cinco años de edad, una abundante y recortada barba negra enmarcada por una ceñida gorra azul de lana y con una chamarra roja acolchada que caía sobre un par de *blue jeans* limpios pero deslavados metidos en unas botas de cuero, más parecía un vigoroso pionero urbano que un vagabundo. Su tercera bolsa contenía un termo de sopa caliente para su amigo Chris, a quien se le habían congelado los dedos de los pies y quien vivía en una zona de carga a casi medio kilómetro de la de Joe. Así que fuimos a dejarle su sopa y luego nos dirigimos a casa de Joe.

La entrada a su casa bajo la zona de carga estaba totalmente cubierta por tres pliegos de grueso plástico negro, fijados arriba por dos grandes trozos de madera y abajo por tres rocas enormes. Joe vivía en un espacio de dos y medio por tres metros y poco más de uno de alto. Descubrí que, si me quedaba de pie, podía moverme ahí como un cangrejo, pero que era mucho más fácil desplazarse a gatas. El suelo estaba cubierto por un viejo tapete, regalo de los amigos de Joe en el depósito de trenes, en tanto que de un tornillo de acero en la pared de ladrillo detrás de la zona de carga colgaba una sólida lámpara de baterías. Joe me contó que salía con sus amigos todas las tardes, y que después de cenar se metía en su *sleeping* y leía un libro hasta caer dormido.

23

Fuimos a charlar al White Spot Café. Una vez que encendí la videocámara, bebimos un par de tazas. Joe había empezado a vivir en las calles a los catorce años. Se alistó en la marina a los diecisiete, pero perdió la razón y pasó siete meses en pabellones psiquiátricos de hospitales para veteranos, tras de lo cual se le dio de baja por motivos de salud y regresó a la calle. Tenía cinco años de haber llegado en tren a Denver, donde vivía hasta entonces. Cuando se deprimía, tomaba medicinas provistas por la Stout Street Clinic.

"No me gustan los refugios para indigentes", me explicó. "En los últimos cinco años sólo he estado tres veces en ellos, durante mi primer mes en Denver. No es justo tener que oír dos horas los gritos de un predicador para poder recibir una comida pésima. Yo prefería dormir en la calle."

Ganaba unos 500 dólares al mes. A veces recogía botes de cerveza, que canjeaba por dinero en el centro de reciclamiento. Como muchos de sus amigos, vendía plasma en el banco de sangre. Se suponía que esto sólo debía hacerse una vez al mes, pero él acostumbraba hacerlo dos o tres veces a la semana. Ocasionalmente cobraba un cheque por invalidez de la Oficina de Veteranos, pero era raro que lo recibiera, por no tener una dirección formal.

Aunque podía conseguir un cuarto en un hotelucho por 200 dólares al mes, prefería disponer de algo de dinero para beber y divertirse, y dormir en la calle. Si yo hubiera estado en sus zapatos, creo que habría hecho lo mismo.

Cuando nos separamos, mi cabeza bullía de ideas. Gastos de 500 dólares al mes por parte de las tres mil personas sin hogar en Denver representaban un poder de compra de 1.5 millones de dólares mensuales, oportunidad excelente para montar empresas de base al servicio de esos mismos individuos. Por ejemplo, ¿no serían ellos clientes entusiastas de un negocio de casilleros para guardar cosas en forma segura, bajo propiedad y gestión de otros indigentes? Puesto que muchos fumaban, ¿uno o dos de ellos no podrían conseguir un poco de tabaco, papel de arroz y una máquina enrolladora y ponerse a vender cigarros? Si tantos obtenían en la Stout Street Clinic medicinas pagadas por el Estado, ¿no era posible abrir una farmacia propiedad de los pacientes? (Dick Warner y yo organizamos una en Boulder un año después, que hoy rinde ganancias de 100,000 dólares al año.)

La tarde que pasé junto a Joe me confirmó que idear soluciones prácticas para personas sin hogar implica ir donde ellas se encuentran y enterarse por ellas mismas de cómo viven, por qué hacen lo que hacen y qué oportunidades tienen en el presente y esperan en el futuro. Lo que ese día aprendí con Joe me sirvió para conocer mejor la pobreza entrevistándome con personas de todo el mundo que sobrevivían con menos de un dólar al día, recorriendo con ellas sus parcelas de media hectárea y disfrutando de una taza de té con su familia, sentado en un banco frente a una casa de techo de paja y paredes de adobe.

Esas personas me dijeron que eran pobres porque no ganaban lo suficiente en sus pequeñas parcelas. Que necesitaban irrigación accesible para poder producir cultivos de alto valor con los cuales incrementar sus entradas, y, en ocasiones, ayuda para llevarlos a mercados donde pudieran venderlos con ganancia. Así, en 1981 fundé la organización

International Development Enterprises (IDE), para ayudar a tales personas a satisfacer sus necesidades. En ella hemos diseñado herramientas de irrigación accesibles, como bombas de pedal, que comercializamos masivamente entre pequeños agricultores a través del sector privado local. Hemos ayudado a campesinos a seleccionar cuatro o cinco frutas y verduras de alto valor fáciles de cultivar en su área, creado cadenas de suministro del sector privado que les vendan las semillas y fertilizantes que necesitan para producir esos cultivos y contribuido a la venta con ganancia de sus productos. Esto ha puesto fin a la pobreza de diecisiete millones de habitantes del campo que antes vivían con un dólar al día.

Tardé veinticinco años en llegar a estas conclusiones, ridículamente simples y obvias. Pero al fin me he dado cuenta de que ver y hacer lo obvio es quizá una de las cosas más difíciles. Creo que una de las influencias que me ayudaron a ver y hacer lo obvio —aun si me llevó veinticinco años lograrlo— fue el hecho de que mi padre haya sido un sobreviviente, porque para serlo hay que abrir los ojos al mundo.

Cuando Neville Chamberlain regaló los Sudetes a Hitler, mi padre estaba casi listo para huir a Canadá. Más tarde me dijo que la urgencia de dejar todo y huir era obvia. Que años enteros de tránsito en la frontera con Alemania por un sinfín de refugiados, muchos de ellos heridos, habían vuelto predecible el desastre. Suplicó a amigos y parientes que huyeran antes de que fuera demasiado tarde.

"Pero ¿dónde dejaríamos los muebles?", le contestaban.

La mayoría se quedó en Checoslovaquia y murió.

Con demasiada frecuencia he tropezado con personas que cometen errores fatales por cerrar los ojos a lo que sucede a su alrededor. En cada una de esas ocasiones, recuerdo la réplica de los amigos y parientes de mi padre cuando los instaba a huir.

"Pero ¿dónde dejaríamos los muebles?".

Creo que los muebles de nuestra formación profesional —propia de los contextos de clase media en los que se educa la mayoría de las personas en Europa, América del Norte y el Asia próspera— contribuyen a nuestra incapacidad para ver y hacer lo obvio en relación con la pobreza.

Quizá el lector considere ridículo que yo repita aquí cada una de las cosas clave que aprendí conversando con campesinos pobres, por tratarse de cuestiones demasiado simples y obvias. Pero son tan importantes que las repetiré de todas maneras.

1. La principal razón de que la mayoría de los pobres lo sean es que no tienen suficiente dinero.

2. Hoy la mayoría de los muy pobres en el mundo entero se ganan la vida en parcelas de media hectárea.

3. Podrían ganar mucho más buscando cómo producir y vender cultivos de alto valor intensivo en mano de obra, como frutas y verduras fuera de temporada.

4. Para hacerlo necesitan acceso a irrigación de microgranjas de muy bajo costo, buenas semillas y fertilizantes y mercados donde puedan vender sus cultivos con ganancia.

Cualquiera podría ponerse al tanto de todo lo anterior pasando un día en un pueblo pobre de cualquier país en desarrollo y preguntando a diez o veinte campesinos por qué son pobres y qué pueden hacer para remediarlo. Lo increíble es que programas de erradicación de la pobreza sigan gastando miles de millones de dólares en países pobres sin muchos resultados que ofrecer y sin tomar en cuenta la mayoría de los puntos antes citados.

Es este libro describiré, en detalle, cada uno de los pasos necesarios para abordar esos puntos, y la revolución mental y práctica indispensable para terminar con la pobreza, contando la historia de los pobres que conocí en los últimos veinticinco años.

Pequeños agricultores con su cosecha en Zambia

DOCE PASOS PARA RESOLVER
PROBLEMAS PRÁCTICOS

Una de las cosas que siempre me han llamado la atención de la pobreza es que la mayoría la considera más permanente que el Peñón de Gibraltar. Pero yo sé que la gente puede salir de la pobreza en unos meses, porque existen soluciones simples y obvias para eso. El tema central de este libro es que pueden idearse obvias soluciones prácticas para casi cualquier problema social complejo siguiendo unos cuantos pasos básicos. A continuación enumero los doce pasos que yo seguí para llegar a las soluciones a la pobreza extrema que describiré en este libro. Aunque todos ellos son simples y obvios, a muchas personas les cuesta trabajo aplicarlos. Por ejemplo, la mayoría de los expertos en la pobreza dedican poco o nada de tiempo a hablar con los muy pobres y a escucharlos donde viven y trabajan, aunque esto es precisamente lo que a mí me ha guiado a casi todas las soluciones prácticas a la pobreza que explicaré en este libro.

- Ve adonde está la acción.
- Habla con las personas que tienen el problema y escúchalas.
- Conoce lo mejor posible el contexto específico del problema.
- Piensa en grande y actúa en grande.
- Piensa como niño.
- Ve y haz lo obvio.
- Si alguien ya lo inventó, no tienes que volver a hacerlo.
- Cerciórate de que tu método tenga impactos positivos mensurables que puedan agrandarse. Asegúrate de que pueda llegar a al menos un millón de personas y mejorar su vida en forma comprobable.
- Diseña con objetivos específicos de costo y precio.
- Sigue planes prácticos de tres años.
- No dejes de conocer a tus clientes cada vez mejor.
- Mantén una actitud positiva: no te distraigas con lo que piensan los demás.

Ve adonde está la acción

No puedes sentarte en tu oficina del Banco Mundial o en tu laboratorio de investigación de Stanford y saber qué hacer con la pobreza en Myanmar.

El huracán Katrina alcanzó a Nueva Orleans a las seis y diez de la mañana del 29 de agosto de 2005. He aquí lo que Michael Brown, director de la Federal Emergency Management Agency (FEMA), respondió cuando, cuatro días después, la reportera de la CNN, Paula Zahn, le preguntó sobre las terribles condiciones de la multitud que se había refugiado en el Ernest N. Morial Convention Center.

Michael Brown: "Acabamos de enterarnos de ese asunto."

Paula Zahn: "¿Esto quiere decir [...] que usted no supo hasta hoy que los refugiados de ese centro no tienen agua y comida?".

Michael Brown: "El gobierno federal ni siquiera sabía que hubiera personas ahí."[1]

¿Acaso Brown no habría podido ir a ese centro de convenciones para ver las cosas por sí mismo? Soluciones prácticas al rápido deterioro de las condiciones de tantos sobrevivientes de Katrina refugiados ahí habrían sido obvias al instante.

Brown renunció bajo presión semanas después.

En 1981, mientras me ocupaba de fabricar y vender quinientas carretas tiradas por burros entre refugiados en Somalia, conocí a un simpático sujeto, ya maduro, a cargo de cinco clínicas de salud en campamentos de refugiados, de una importante organización de socorro internacional.

–¿Qué tan seguido va usted a esos campamentos a visitar las clínicas? —le pregunté.

–Nunca he estado ahí, ni planeo ir pronto —contestó muy ufano. Ir al campo de operaciones ofusca. Los directores deben pensar con claridad, sin distracciones, para poder tomar decisiones correctas, y esto no puede hacerse para nada en medio del ruido y caos del campo de operaciones.

Esta respuesta me sorprendió tanto que por una vez en la vida me quedé sin habla.

Hace dos meses comí con el director de una inmensa granja modelo en Estados Unidos propiedad de una organización que proporciona ganado a familias rurales pobres de países en desarrollo. Su labor era guiar a las miles de personas que visitaban la granja cada año y recaudar fondos entre ellas. En los siete años que llevaba como director de esa importante granja modelo, este señor no había visitado ninguno de los países en desarrollo en los que su organización tenía programas.

Sencillamente no concibo cómo alguien puede hacer planes realistas para erradicar la pobreza o resolver un problema importante sin visitar el lugar donde está el problema y hablar con las personas que lo tienen.

Habla con las personas que tienen el problema y escúchalas

En la década de los noventa, expertos en agricultura en Bangladesh vieron consternados que los pequeños agricultores locales sólo aplicaban una mínima fracción del fertilizante necesario para sus cultivos de arroz en la estación de los monzones, pese a que la cantidad recomendada estimularía el rendimiento del arroz y les permitiría triplicar su inversión en fertilizante. Esos expertos se quejaron de la irracionalidad y superstición de los agricultores e implantaron programas de extensión y capacitación, pero nada sucedió. Los campesinos seguían usando una fracción mínima del fertilizante. Por fin alguien les preguntó por qué lo hacían.

"Muy fácil", respondieron. "Cada diez años hay aquí una gran inundación durante la estación de los monzones, que arrasa con todo el fertilizante que usamos. Así, sólo empleamos la cantidad que nos podemos dar el lujo de perder."

De pronto quedó claro que los campesinos eran dictaminadores perfectamente racionales y que los expertos en agricultura eran quienes tenían mucho que aprender. Para poder sobrevivir, los agricultores de subsistencia deben estar a la vanguardia en prevención de riesgos. Con sobrada razón, les importa mucho más no perder sus terrenos que triplicar sus ingresos. Cuando tienen la oportunidad de invertir en fertilizante (y el dinero necesario para hacerlo) en la temporada de secas, durante la cual el riesgo de inundaciones es casi nulo, lo hacen gustosamente.

Hay otro problema en este paso. Demasiadas personas hablan, en efecto, con quienes tienen el problema pero no se enteran de nada, porque aunque podrían ayudar, no siempre saben escuchar. Como joven psiquiatra, en 1962 me interesó saber si los pacientes internados en el pabellón de psiquiatría del Colorado Mental Health Institute, en Fort Logan, y los psiquiatras, trabajadores sociales y enfermeras que los atendían perseguían las mismas metas de tratamiento. Para mi sorpresa, esos profesionales de la salud mental no sólo tenían metas de tratamiento diferentes a las de sus pacientes, sino que además ignoraban qué metas eran las más importantes para éstos. Cuando indagué más, me enteré de que a dichos profesionales se les enseñaba a definir el problema que conducía a una persona a un hospital como una enfermedad mental en la cabeza del paciente, mientras que los pacientes pensaban que el problema residía en el grupo de personas con las que vivían y trabajaban fuera del hospital. Con frecuencia, los síntomas de un paciente desaparecían cuando se le daban medicinas y se le alejaba de las perturbaciones de su entorno real, sólo para volver a internarlo tras habérsele devuelto al inalterado entorno social que precipitó los síntomas. Cuando esos profesionales aprendieron a escuchar y a intervenir en los problemas del entorno real al mismo tiempo que diagnosticaban los síntomas, los resultados del tratamiento mejoraron en forma considerable. Lo mismo puede decirse de quienes intentan resolver los problemas de la pobreza. Si a estos profesionales se les enseña a suponer que la agricultura moderna depende de la mecanización occidental, es probable que al final dejen tras de sí restos oxidados de grandes cosechadoras y tractores como monumentos a su incapacidad de escuchar y aprender.

Conoce lo mejor posible el contexto específico del problema

Mi organización tuvo mucho éxito con las bombas de pedal en Bangladesh. Hoy se me acaban pronto los dedos de manos y pies cuando quiero contar cuántas personas me han preguntado si pueden usar bombas de pedal en beneficio de agricultores de otros países.

–¿A qué profundidad está el nivel freático del lugar? —les pregunto, porque una bomba de pedal es una bomba de succión que sencillamente no subirá agua más de ocho metros.

–No sé —suelen responder.

–Aten una piedra a una cuerda, vayan al pozo más cercano y midan la profundidad del nivel freático —les digo. O acudan al ministerio de recursos hidráulicos; tal vez tenga mapas con esa información.

–Está bien, lo haremos en nuestra próxima visita —afirman.

El hecho es que resulta imposible elaborar planes prácticos si no se reúne un gran número de detalles sobre el contexto específico de cada localidad. El tipo de cultivos de alto valor que pueden producirse en cada sitio depende del tipo de suelo y clima. El precio de frutas y verduras tiende a llegar a su máximo en la época del año en que es más difícil producirlas, así que es importante saber por qué esos cultivos son difíciles de producir en tal época y qué puede hacerse para vencer esa dificultad. Si cerca hay una fábrica que paga bien, la mano de obra requerida para la horticultura intensiva podría ser difícil de conseguir.

Todo lo que diré en este libro procede casi por completo de las entrevistas que sostuve con tres mil familias campesinas pobres, del hecho de haberlas escuchado con atención y de haber conocido lo mejor posible el contexto específico en que vivían y trabajaban.

Piensa en grande y actúa en grande

Si te informas acerca de un problema en su contexto real con las personas que lo tienen; si haces preguntas básicas y abres los ojos para ver lo obvio, es probable que se te ocurran grandes ideas que podrían cambiar al mundo. Esto es muy estimulante, pero también puede ser aterrador, y algunas personas reaccionan a esta emoción haciendo planes deficientes. Otras se abstienen de pensar y actuar en grande porque jamás lo han hecho ni están acostumbradas a ello, no quieren parecer arrogantes o temen fracasar si piensan demasiado en grande. Yo he aprendido a examinar desde el principio el potencial de mercado global de una idea, aun si hacerlo me provoca molestias. Pero ya me acostumbré a las etiquetas de presunción que acompañan al acto de pensar en grande.

En el capítulo sobre creación de nuevos mercados consideraré el hecho de que mil millones de personas en el mundo entero necesitan anteojos pero no los tienen, y presen-

32

taré la posible solución de brindar exhibidores en los que la gente pueda elegir gafas de dos dólares que corrijan sus problemas de la vista. Cuando la mayoría piensa en la puesta en práctica de una solución como ésta, piensa en pequeño. Varias organizaciones aportan ya anteojos accesibles a los pobres, pero en total han distribuido menos de medio millón de piezas, en favor de menos de la décima parte de 1% de quienes las necesitan. Yo empiezo pensando cómo llegar en quince años a la mitad del mercado total potencial de mil millones de personas. Un plan de negocios con ese objetivo podría suponer alcanzar en cinco años ventas globales anuales de cincuenta millones de unidades, adquiriendo anteojos de cincuenta centavos en la China continental, en lotes de un millón de unidades o más, y vendiéndolos a dos dólares. Así, yo dedicaría la mayor parte de mi tiempo a hacer un eficaz plan global de mercadotecnia y distribución para áreas tanto rurales como urbanas, que redondearía con una clara formulación del capital inicial requerido para ejecutar un plan de tres años, cómo se le gastaría y qué se lograría con él. Este tipo de planeación es habitual en las grandes compañías y entre empresarios en busca de capital de riesgo inicial, pero poco común en las organizaciones de desarrollo.

Pensar en grande conlleva siempre el riesgo de fracasar en grande. Pero si no soportas el riesgo de fracasar y quedar mal, tal vez deberías dedicarte a otra cosa. Si quieres un mundo mejor, idear un concepto o tecnología decisivo es apenas el primer paso. Lo más difícil es ingeniar una manera práctica de poner esa innovación en manos de los cientos de millones de personas en todo el mundo que la necesitan.

Piensa como niño

Viniendo de una familia de refugiados que escaparon por un pelo de morir a manos de Hitler en Checoslovaquia, en 1939, cuando yo tenía cinco años y medio, no pretendo idealizar la infancia. Pero en ella hay una curiosidad simple y directa y un gusto por el juego que tendemos a perder por completo al resolver problemas como adultos. Si piensas como niño, reducirás pronto un problema a sus elementos básicos.

En 1996 estuve en Cachoeira, la ciudad natal —en la selva amazónica— de Chico Mendes, el fundador del sindicato de caucheros sacrificado por intereses de la ganadería. Mi propósito era imaginar qué podían hacer los caucheros para pelar y secar castañas en su sede sindical con objeto de aumentar sus ingresos. Mis colaboradores y yo debíamos diseñar una secadora comunal en remplazo de las enormes secadoras industriales de las plantas de grandes ciudades. Al recorrer los pueblos de la selva, vi que una de cada dos casas contaba con un *forno de farinha*, un fogón de adobe de sesenta centímetros de alto con una hornilla de dos y medio por tres metros para secar harina de mandioca. Al ver esos hornos, comprendí que también podían servir para secar castañas. Si piensas en cómo secar algo como si fueras un niño en lugar de un ingeniero, imaginarás cómo calentarlo y soplarle aire, como cuando cuelgas en el tendedero una toalla húmeda bajo la brisa y la luz del sol.

33

Construimos así una casa desmontable de madera con una chimenea sobre el horno para secar mandioca, y usamos el calor de la hornilla para conducir aire hasta la superficie de castañas puestas a secar en cajones de tela de alambre dentro de la casa. Edificamos la primera en dos horas.

Ve y haz lo obvio

Si no podemos ver nuestros puntos débiles, ¿cómo podríamos ver y hacer lo obvio?

He aquí una verdad obvia aún no incorporada a los planes de la mayoría de los expertos en el combate a la pobreza. Verla me llevó varios años y cientos de entrevistas con familias pobres. Tres cuartas partes de la pobreza de un dólar al día en el mundo entero echa raíces en microgranjas. 98% de las granjas de China, 96%o de las de Bangladesh, 87% de las de Etiopía y 80% de las de la India miden menos de dos hectáreas. Ochocientos millones de las personas que ganan menos de un dólar al día obtienen casi todo lo que ganan en granjas de media hectárea divididas en cuatro o cinco parcelas dispersas de un octavo de hectárea. International Development Enterprises (IDE), la pequeña organización que fundé, ha ayudado a diecisiete millones de personas a salir de la pobreza gracias a que mis colegas y yo nos dimos cuenta de que crear riqueza nueva en granjas de media hectárea depende del acceso a nuevas formas de irrigación, agricultura, mercado y diseño.

Si alguien ya lo inventó, no tienes que volver a hacerlo

La gente suele dudar de usar ideas ajenas. Yo he tropezado con incontables casos del síndrome "Eso no se inventó aquí". Hacer una rápida investigación mundial para ver si alguien ya ideó una solución al problema que intentas resolver es siempre más rápido y fácil que dar con algo nuevo.

En cuanto a mí, quizá el caso más vergonzoso de pretender haber inventado algo que ya existía fue cuando me convencí de que había descubierto una manera nueva de regar plantas a bajo costo, gota a gota, perforando tubos de plástico. Dan Spare, el primer ingeniero a quien comuniqué mi gran idea, me informó cortésmente que los israelíes ya habían inventado esa forma de riego treinta y cinco años antes, y que se llamaba "irrigación por goteo". Yo jamás había oído hablar de ella.

Así que revisé la bibliografía mundial sobre la irrigación por goteo, y me enteré de que aunque este método se había extendido rápidamente, sólo representaba 1% de la superficie irrigada, porque su instalación era demasiado grande y costosa para la mayoría de los agricultores. Mis colegas y yo nos pusimos a diseñar entonces sistemas de irrigación por goteo que redujeran en cuatro quintas partes los costos existentes, adecuándolos al tamaño de parcelas pequeñas.

Cerciórate de que tu método tenga impactos positivos mensurables que puedan agrandarse

Mientras trabajábamos en el proyecto de carretas tiradas por burros en Somalia, topamos con un equipo de la Organización Internacional del Trabajo (OIT) que había organizado un proyecto de elaboración y venta de jabón por refugiadas. Pero cuando preguntamos cuál iba a ser el costo de una pieza de jabón, nos fue difícil obtener una respuesta clara. Más tarde supimos que si la OIT hubiera comprado los mejores jabones de París y los hubiera mandado por avión a Somalia, habría podido venderlos ahí a un precio inferior al costo de producción del jabón ordinario que las refugiadas elaboraban con su ayuda. Cuando pregunté a la directora de ese programa cómo justificaba tal cosa, insinuó que yo no tenía idea de la gran importancia de la autoestima que esas mujeres derivaban de su positiva interacción grupal durante el proceso de elaboración del jabón.

Lo que sí percibí fue que la única autoestima favorecida por ese proyecto era la de las damas del equipo que lo había diseñado y ejecutado. Si en realidad les hubiera interesado aumentar la autoestima de las refugiadas con las que trabajaban, les habrían ayudado a producir algo que hubieran podido seguir vendiendo con ganancia mucho después de su partida. Producir jabones a mayor costo que el de los más finos del mundo también quería decir que era improbable que otros grupos de mujeres adoptaran alguna vez ese proyecto, así que éste no rebasaría nunca su alcance original.

¿Cuántas personas pueden beneficiarse de un proyecto de desarrollo en caso de que tenga éxito? Ésta es una de las primeras preguntas que deben plantearse respecto a cualquier idea de solución práctica, ya que llevar a cabo un proyecto implica mucho tiempo y dinero. Pero es común que esta pregunta no se haga jamás. Por ejemplo, refugiados en Somalia que vivían en campamentos junto a ríos y pescaban bagre para su venta, podían ampliar sus mercados si conservaban el pescado salándolo y ahumándolo, dado que no se disponía de refrigeración. Pero todos los refugiados necesitaban servicios de transporte accesibles, así que elegir entre ahumadoras de pescado y carretas tiradas por burros no fue nada del otro mundo.

Los únicos proyectos que valen la pena son aquellos con costos mensurables, impactos que suponen una mejora en comparación con las condiciones previas y posibilidad de crecer.

Diseña con objetivos específicos de costo y precio

La cuestión decisiva que impidió al personal de la OIT ejecutar un proyecto rentable es que tuvo poco interés en calcular los objetivos de costo y precio que las refugiadas debían cumplir para ser competitivas en el mercado local. Al igual que muchas otras organizaciones de desarrollo, también ésa menospreciaba medidas materialistas como costos y ganancias, y no contaba con otra evaluación de impacto que su opinión de que la actividad grupal era beneficiosa para la moral de las refugiadas.

Sigue planes prácticos de tres años

Si tienes un plan revolucionario con una visión de futuro deslumbrante pero no puedes hacer un plan específico para los tres años siguientes, nunca llegarás a nada. Si tus objetivos a tres años son demasiado ambiciosos, tal vez fracases mucho antes de poder cumplir tu visión de amplio espectro. Si son demasiado endebles, no sentarás bases firmes para crecer. Como en "Ricitos de Oro y los tres ositos", tus objetivos a tres años no deben ser demasiado grandes ni demasiado chicos, sino situarse entre ambos extremos.

Cuando escribí una propuesta de tres páginas de extensión para la Bill and Melinda Gates Foundation, expliqué que mi visión a largo plazo era aumentar los ingresos anuales netos de treinta millones de familias en 500 dólares al año, lo que pareció satisfacer a tal fundación. Pero cuando empezamos a negociar una iniciativa específica que ella pudiera apoyar, sus representantes me dijeron: "Olvídate de esos treinta millones de familias; queremos evidencias claras en cuatro años de que puedes cubrir a cien mil personas. Demuéstranos que eres capaz de tener el impacto que dices, y luego veremos si seguimos con la fase dos, y hasta con la tres."

No dejes de conocer a tus clientes cada vez mejor

Hace diez años, la tecnología de irrigación por goteo de bajo costo que diseñamos y probamos en Nepal estaba lista para comercializarse. En ese entonces ya teníamos una buena fuerza de ventas, y cientos de montañeses en un radio de treinta kilómetros desde Pokhara adquirieron uno de esos sistemas. Pero las ventas no aumentaron al segundo año. De hecho, a nuestro personal de campo le consternó saber que muchos clientes sólo usaban la cuarta parte de su sistema. Al entrevistarse con ellos se enteró de que sembraban maíz y mijo y no tenían experiencia en la horticultura intensiva requerida para producir verduras fuera de temporada. En realidad, en la región de Pokhara estaba muy extendida la creencia de que era imposible producir verduras en invierno, lo cual se había convertido en una profecía que se cumple sola.

Nuestro personal en Pokhara convenció a la oficina en Katmandú, y ésta a su vez a mí, de que no venderíamos sistemas de goteo de bajo costo hasta que enseñáramos a los agricultores a usarlos para producir verduras fuera de temporada. Instituimos así programas de capacitación en horticultura intensiva, y las ventas despegaron rápidamente. Sin embargo, esto no habría sucedido si nuestro personal de campo no se hubiera mantenido en contacto con los clientes.

En el último cuarto de siglo, cada año me entrevisté con al menos un centenar de pequeños agricultores clientes de la IDE. Todas mis ideas de proyectos que han dado resultado, y aun algunas fallidas, surgieron de lo que aprendí de esos pequeños agricultores, y hoy todos los empleados y colaboradores de la IDE hablan a diario con campesinos y aprenden de ellos.

Mantén una actitud positiva: no te distraigas con lo que piensan los demás

Hace doce años promoví dos tecnologías de irrigación accesibles. La primera era una bomba de pedal de tracción animal que producía tanta agua como una pequeña bomba de diesel. Muchos me dijeron que si realmente se necesitara una bomba de pedal de tracción animal capaz de extraer cinco litros de agua por segundo, se le habría desarrollado tiempo atrás. Los ignoré. Una bomba de diesel de cinco caballos de fuerza costaba entonces 500 dólares, y yo sabía que mi organización podía producir una bomba de buey por ciento veinticinco, una que "quemara" forraje en vez de diesel. Así que insistí hasta tener lista una bomba de buey confiable y comercializable.

Al mismo tiempo, estaba convencido de que un sistema de irrigación por goteo para parcelas pequeñas que pudiera comprarse por la quinta parte del precio de un sistema convencional tendría una demanda global enorme. La gente me dijo que si en verdad se necesitara ese sistema, el mercado lo habría lanzado mucho antes. Pero yo estaba cierto de que millones de pequeños agricultores podían obtener mucho dinero de verduras regadas por goteo. La IDE tardó siete años en sacar al mercado los primeros sistemas de goteo de bajo costo.

Cuando la bomba de buey estuvo lista para su venta, ya podían conseguirse bombas chinas de diesel a 150 dólares, en lugar de los 500 que los campesinos pagaban dos años antes, así que el costo de nuestra bomba ya no era competitivo. No me arrepentí. Habíamos tenido buenas razones para desarrollar esa bomba, y las teníamos en ese momento para dejarla en suspenso. En cambio, el mercado global de irrigación por goteo de bajo costo parece inmenso. Calculo que al menos diez millones de familias pobres comprarán uno de tales sistemas.

Casi todas las soluciones decisivas a problemas importantes, como el automóvil de 500 dólares de Henry Ford y la computadora de 2,000 dólares de Jobs y Wozniak, han resultado del hecho de que uno o dos empresarios tenaces encuentran nuevas soluciones a viejos problemas y persisten hasta que su sueño se hace realidad. ¿Por qué la resolución del problema de la pobreza habría de ser distinta?

He establecido en la IDE el objetivo de terminar para 2020 con la pobreza de treinta millones de familias que hoy viven con un dólar al día aplicando estos doce principios, y estoy seguro de que lo lograremos.

Una mujer destapa un emisor obstruido de un sistema de irrigación por goteo de bajo costo en Nepal

Irrigación por goteo de bajo costo en Zimbabue

Los tres grandes mitos de la
erradicación de la pobreza

Aprendí que la mejor manera de satisfacer mi curiosidad en torno a la pobreza era sostener largas conversaciones con personas pobres en los lugares donde viven, trabajan y sueñan, y escucharlas. Esto significaba hablar con pequeños agricultores que vivían con menos de un dólar al día, y recorrer con ellos sus campos. Salí en jeep de Katmandú en el otoño de 2001 en un viaje que me condujo a mi primer encuentro con Krishna Bahadur Thapa, sus dos esposas y sus tres hijos en el diminuto pueblo montañoso de Ekle Phant, Nepal.

Mientras dos jóvenes barbados con uniforme verde olivo del ejército, rifles AK-47 al hombro, revisaban los documentos de nuestro chofer, Bob Nanes, Deepak Adhikari y yo seguimos discutiendo sobre algo tan trivial que ya lo habíamos olvidado antes de terminada la conversación. Habíamos sido detenidos justo a las afueras de Katmandú, en uno de los numerosos puntos de inspección del ejército surgidos en respuesta a actividades de rebeldes maoístas.

Bob Nanes es un antagonista clásico: si uno dice "negro", él dice "blanco". No es de sorprender entonces que discutiéramos por nada. De todas formas, su naturaleza opositora fue una de las cosas que me motivaron a nombrarlo director de los programas de la International Development Enterprises (IDE) en Nepal. Fundé la IDE para ayudar a los pobres a aumentar sus ingresos. Ésa ha sido su meta a lo largo de toda su existencia.

Deepak Adhikari habla ruso con fluidez por haber estado becado cinco años en Moscú estudiando ingeniería. Si nadie se lo impide, es capaz de dar una creativa charla de una hora sobre moscardones o cualquier otro asunto imaginable. Su función es idear herramientas de irrigación accesibles y avanzadas, un tema de la mayor importancia para la mayoría de los agricultores nepaleses.

Íbamos de camino a una reunión con treinta o cuarenta familias de pequeños agricultores en las montañas de Nepal, que dieciocho meses antes habían comprado e instalado sistemas de goteo de bajo costo de la IDE para regar coliflores y pepinos fuera de temporada. Yo ansiaba saber cuánto habían ganado y qué problemas habían tenido.

Luego de dos agitadas horas y media de esquivar baches tan grandes que nuestro jeep bien podía hundirse en ellos, dimos vuelta al oeste en Mugling y cruzamos el puente so-

41

bre el hirviente río Trisuli. Minutos después hicimos alto en un pequeño claro en el pueblo de Ekle Phant, donde las ocho o nueve familias que nos esperaban se cubrían tímidamente bajo la sombra de un árbol. Se les había avisado que era probable que yo hiciera muchas preguntas impertinentes, así que ofrecieron a Krishna Bahadur Thapa como chivo expiatorio a mi curiosidad. Hombre robusto de cincuenta y seis años de edad y rostro curtido y bronceado, Bahadur parecía capaz de hacer frente a todo el ejército nepalés con una mano atada a la espalda y sonriendo.

Bahadur y dos vecinos suyos nos condujeron pausadamente entre campos ondulados hasta la casa de él, una agradable y típica cabaña de piedra y yeso con tres cuartos. Ahí, su esposa mayor, Padam Maya Magar, de cuarenta y seis años, nos recibió con una humeante tetera de cobre. Después me enteré de la existencia de la segunda esposa de Bahadur, Devi Maya Magar, hermana de la primera. (En algunas culturas de las montañas de Nepal se acepta que un hombre tenga una segunda esposa si no tiene hijos con la primera.) Bahadur y su segunda esposa tenían dos hijos, Deu, de veinticinco años, y Puspa, de veintiuno.

Soplé mi té y tomé un sorbo. Muchos visitantes de aldeas rurales se rehúsan a probar lo que les ofrecen, para no enfermarse, pero yo aprendí pronto que todo lo que humea suele ser inofensivo. Una cuestión más práctica es cómo deshacerse de cinco o diez tazas de té. En Nepal es perfectamente aceptable que un hombre se aparte y orine junto a un maizal mientras el grupo sigue platicando, pero de las mujeres se espera que sean más reservadas, así que las visitantes expertas limitan sencillamente la cantidad de té que toman en estas ocasiones.

Bahadur había heredado una hectárea de parcelas dispersas. Tenía media hectárea de arroz de temporal de monzones junto al río a ochocientos metros de su casa, que producía mil doscientos cincuenta kilos de arroz tradicional, suficientes para alimentar a su familia casi todo el año y para ganar de 50 a 100 dólares con la venta del excedente. En la media hectárea de solares desperdigados en las tierras altas cerca de su casa, rotaba garbanzo negro (legumbre de poco valor parecida al frijol), maíz y verduras de mesa de la estación de los monzones. Cuando la producción de arroz no era buena, la familia de Bahadur la agotaba meses antes de la cosecha de la temporada de monzones. Para completar el año, él y sus dos hijos buscaban trabajo temporal en Mugling, y a veces en Katmandú, el cual podía rendir otros 100 dólares, suficientes para comprar los alimentos que les hacían falta.

Para mí, el mejor momento al charlar con familias de pequeños agricultores es cuando se sienten en libertad de hablar de sus sueños. El más caro sueño de Bahadur y su familia era encontrar la manera de ganar mucho más en su pequeño terreno. Con más ingresos podrían comprar los alimentos que necesitaban. Dar a sus hijos una mejor educación. Comprar medicinas, adquirir más terrenos y hasta invertir en una vaca y un búfalo para vender leche.

El problema era que no tenían idea de cómo obtener más ingresos de su parcela. No sabían cómo producir más arroz o garbanzo negro para su venta; y aun si duplicaban su producción, ignoraban cómo ganar más de 200 dólares al año en la venta de arroz, maíz o frijol excedente, lo que los hacía permanecer en el filo de la sobrevivencia.

La pregunta más importante que Bahadur nos hizo no obtuvo respuesta, y es la misma que me había perseguido a mí durante años. ¿Qué podían hacer él y su familia para salir de la pobreza? Tenían una hectárea —más que muchas otras familias de Ekle Phant—, trabajaban con ahínco y estaban dispuestos a hacer casi cualquier cosa.

¿Podíamos hacer algo para ayudarlos?

Ésa es la pregunta central de este libro.

Como Bahadur y su familia, otros ochocientos millones de personas en el mundo entero viven en áreas rurales de países en desarrollo y se ganan la vida en pequeñas parcelas. Los lotes dispersos de un octavo de hectárea de los que obtienen apenas lo necesario para sobrevivir tienden a ser de suelos de mala calidad y no contar con acceso a irrigación. Sus principales cultivos son arroz, trigo y maíz, aunque por lo general no producen lo suficiente para evitar el hambre. Si cultivan arroz, trigo o maíz para su venta en el mercado, topan con un precio demasiado bajo para conseguir más de 200 dólares por media hectárea, en absoluto suficientes para salir de la pobreza.

Este problema podría resolverse muy fácil. Pero, por desgracia, los responsables de los programas mundiales contra la pobreza rara vez reparan en las soluciones simples, en tanto que las inversiones monumentales realizadas en iniciativas de erradicación de la pobreza han surtido escaso efecto, en el mejor de los casos.

"En los últimos cuarenta y dos años se han invertido nada menos que quinientos sesenta y ocho mil millones de dólares en ayuda para el desarrollo en África, pero hay muy pocos resultados a la vista", afirma William Easterly, execonomista de alto rango del Banco Mundial. En ese mismo lapso, el índice de crecimiento per cápita, de la nación africana promedio, fue prácticamente de cero.[1, 2]

Aunque no tan sombrío como el del África subsahariana, el historial de la ayuda a países en desarrollo en otras partes del mundo está lejos de ser estelar. Entre 1950 y 1970, las principales inversiones en países en desarrollo ocurrieron en presas, escuelas, caminos y otros elementos de infraestructura. Aunque esto tuvo impactos positivos en la pobreza, el gran número de gigantescos proyectos con escaso rendimiento de inversión derivó en la crisis de la deuda y la condonación de préstamos de la década de los ochenta.[3] En una subsecuente ronda de inversiones en desarrollo se intentó reproducir el éxito económico de Corea y los Tigres del este asiático. Pero atacar las distorsiones de precios, abrir el comercio y corregir los déficit presupuestales en préstamos de ajuste estructural engendró una nueva carga de deuda imposible de pagar, lo que derivó en la cancelación de 100% de los préstamos de la Iniciativa Multilateral para la Reducción de la Deuda en 2006.[4]

La actual "respuesta a la pobreza" es la iniciativa Metas de Desarrollo del Milenio, patrocinada por la Organización de las Naciones Unidas (ONU), dirigida por Jeffrey Sachs y respaldada por 189 gobiernos. Esta muy publicitada iniciativa planea alcanzar en 2015 drásticas mejoras en erradicación de la pobreza y el hambre; acceso a agua y drenaje; disminución de la mortalidad materno-infantil; equidad de género; prevención de paludismo, tuberculosis y VIH/sida; cese de la degradación del medio ambiente; reducción de la deuda; acceso a tecnología de información, y situación de los Estados insulares y sin acceso al mar. Para conseguir todo esto, se prevé hacer, en esencia, lo mismo que ya se ha hecho hasta ahora.

En 2004, a la mitad del periodo 1990-2015 de cumplimiento de esos objetivos, el Foro Económico Mundial de Davos concluyó que los esfuerzos para alcanzar las Metas de Desarrollo del Milenio de la ONU eran totalmente insuficientes.[5] Tras un año de estudio, la Iniciativa de Gobierno Global de ese foro calificó del uno al diez el progreso en cada meta. La erradicación de la pobreza obtuvo una calificación de cuatro, atribuida sobre todo a políticas públicas nacionales y esfuerzos privados. La disminución del hambre recibió una calificación de tres, la calidad de la educación de tres, la mejora del medio ambiente de tres, la salud de cuatro y los derechos humanos de tres.

Las Metas de Desarrollo del Milenio de reducir a la mitad el hambre y la pobreza son tan importantes que, a medio camino, el exiguo progreso en su cumplimiento es aún más desalentador. El informe de 2006 de esta iniciativa[6] sobre los avances en la reducción a la mitad del porcentaje de los africanos subsaharianos que viven con menos de un dólar al día aporta evidencias que confirman el argumento de Easterly de los limitados resultados de las grandes inversiones en ayuda para el desarrollo en África.

De 1990 a 2002, la proporción de africanos subsaharianos —la mayoría en África— que viven con un dólar al día se mantuvo en 44% (véase gráfica 1), mientras que el número absoluto de los muy pobres aumentó en ciento cuarenta millones. En el África subsahariana, el intento de erradicar la pobreza va para atrás.

Las cosas lucen un poco mejor en cuanto a la pobreza extrema en otros países en desarrollo. Entre 1990 y 2002, la proporción de personas en regiones en desarrollo que sobrevivían con menos de un dólar al día cayó de 27.9 a 19.4%.[7] Gran parte de este supuesto decremento se debió a China, país en el que, con una población de más de mil millones de personas, la proporción de las que vivían con un dólar al día bajó de 33% en 1990 a 17% en 2001,[8] reduciéndose así a la mitad el porcentaje de los muy pobres. Sin embargo, esta disminución no fue consecuencia de programas de subvenciones de la iniciativa de Desarrollo del Milenio, sino de la revocación por el gobierno de China de las desastrosas medidas agrícolas de Mao, que mataron de hambre a cuarenta millones de individuos. Tras este desastre, casi cualquier cambio habría sido positivo, pero el movimiento de descolectivización encabezado por Deng Xiao Ping y muchos otros líderes permitió a los pequeños agricultores empezar a producir para el mercado, lo que estimuló el crecimiento económico en las áreas rurales en que los campesinos pobres se ganaban la vida, sacando así de la pobreza a muchas personas. Ese movimiento también sentó las bases para la aparición de las zonas costeras de exportación, responsables, en gran medida, de la continuidad del crecimiento económico de China. Pese a todo, ese crecimiento es sumamente desigual en términos geográficos.

En realidad, China es al menos dos países distintos. El primero —centrado en la franja costera, con clima, suelo, agua y condiciones de transporte casi ideales— se sirvió de una próspera base agrícola para lanzar un milagro económico de exportación aprovechando el bajo costo de su mano de obra.

El segundo, centrado en las remotas regiones del valle del río Amarillo, en el noroeste de China, posee condiciones óptimas para que la pobreza se perpetúe: sobrepoblación; suelos de mala calidad; erosión intensa; lluvias escasas; transporte, comercio y comunicaciones deficientes, y muy baja productividad agrícola. Estas áreas están pobladas por millones de familias que a duras penas se ganan la vida con un cuarto de hectárea arrendado al gobierno. En las épocas más difíciles del año, familias en las partes más remotas de las provincias de Gansu y Janxi sobreviven gracias al agua y alimentos que el gobierno les proporciona, a un costo muy alto. La prosperidad del primer país ha tenido pocos impactos positivos en la pobreza del segundo.

Pese a ello, el milagro económico de China ha ejercido cierto impacto en los pobres de áreas remotas del noroeste de esa nación. Yo visité una próspera planta de procesamiento y congelamiento de verduras dos horas al oeste de Shangai. Mil mujeres de zonas pobres del noroeste de China eran transportadas ahí en autobús cada tres meses, alojadas

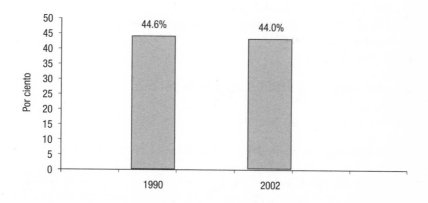

Porcentaje de personas en el África subsahariana que viven con $1 al día

Gráfica 1. *Impacto de la ayuda para el desarrollo en el África subsahariana*[9], [10]

en el lugar y remuneradas por cortar coliflor y otras verduras en pequeñas piezas, que una vez congeladas se embarcaban a Japón y Estados Unidos para preparar pizzas. Esas mujeres ganaban 40 dólares al mes, sin contar transporte y viáticos, lo que beneficiaba a sus familias, en pueblos pobres de provincias como Gansu y Janxi. Sin embargo, este nivel de ingresos contribuía muy poco a terminar con su pobreza. Una reducción adicional de la pobreza en China dependerá de que se genere crecimiento económico en el noroeste y otras remotas regiones pobres.

El aumento en los próximos años del porcentaje de pobres en el África subsahariana podría ser igual o mayor que la reducción adicional de ese porcentaje en el este asiático y otras regiones en desarrollo. Esto hace muy improbable el cumplimiento de la meta de reducir a la mitad la cantidad de pobres que viven con un dólar al día.

Aún más improbable es el logro de la correlativa meta del Milenio acerca del hambre. Entre 1990 y 2002, la proporción de las personas con hambre crónica en el mundo decreció apenas de 20 a 17%, en tanto que el número absoluto de los hambrientos aumentó cuatro millones al año entre 1995 y 2000,[11] llegando a ochocientos veinticuatro millones en 2002.[12] Puesto que la causa de fondo del hambre es la pobreza y entre lo primero que los pobres hacen con ingresos nuevos es comprar comida, ¿cómo es que el hambre se ha mantenido esencialmente sin cambios si ha habido cierta disminución en la pobreza extrema?

El informe de avances de 2006 de la iniciativa del Milenio concluye que es probable que no se cumpla la meta de duplicar el porcentaje de personas con acceso a drenaje.[13]

De persistir estas tendencias, creo que no hay muchas esperanzas de alcanzar la mayoría de las Metas de Desarrollo del Milenio.

Quizá el mayor problema sea que nuestras ideas sobre la pobreza y sobre lo que podemos hacer para acabar con ella se ven severamente afectadas por tres grandes mitos de la erradicación de la pobreza.

Los tres grandes mitos de la erradicación de la pobreza

La gente puede salir de la pobreza con donativos

El mito más importante de la erradicación de la pobreza es que la gente puede salir de ella con donativos. Por increíble que parezca, Jeff Sachs, el director de la iniciativa Metas de Desarrollo del Milenio de la ONU, cree que quienes viven con un dólar al día son demasiado pobres para invertir dinero a fin de salir de la pobreza. Así, él y los expertos en desarrollo que dirige solicitaron ciento sesenta mil millones de dólares anuales para un periodo de diez años, principalmente como donativos de los países ricos a los pobres, con objeto de construir la infraestructura que permita despegar al crecimiento económico en áreas rurales pobres, lo que reduciría a su vez a cero el número de pobres que viven con un dólar al día. Sin embargo, ésta es sencillamente una nueva versión de las cuantiosas inversiones en infraestructura realizadas entre 1950 y 1970, que forzaron la condonación de préstamos de la década de los ochenta. Aunque las Metas de Desarrollo del Milenio son admirables e impresionantes, las estrategias para alcanzarlas son fatalmente erróneas: grandes inversiones en infraestructura, grandes proyectos agrícolas, grandes obras de irrigación y grandes presupuestos controlados por los gobiernos de los países en desarrollo, esfuerzos todos ellos que dejan de lado a los campesinos pobres que a duras penas se ganan la vida en parcelas de media hectárea. Esto es exactamente lo mismo que ha fracasado una y otra vez en el pasado.

He aquí qué sucederá en realidad. "Expertos" occidentales con escaso o nulo contacto con los pueblos decidirán cómo gastar el dinero. Tan pronto como corra la voz del arribo de un donativo multimillonario, políticos del país en desarrollo en cuestión con cuentas bancarias en Suiza y hombres de negocios deseosos de enriquecerse rápidamente se congregarán como mariposas nocturnas junto a la luz. Participarán en congratulatorias ceremonias de corte de listones. Durante el primero o dos primeros años, grandes proyectos generosamente financiados darán excelentes resultados —rendimientos ejemplares de granos, por ejemplo, derivados de grandes inversiones en insumos y maquinaria moderna supervisados por consultores occidentales bien remunerados— y recibirán una cobertura mediática espectacular. Pero cuando el dinero de esos proyectos se acabe, los rendimientos volverán a la normalidad. Todo impacto positivo de las inversiones en el nivel rural desmerecerá ante las distorsiones del mercado por la corrupción y los subsidios inducidos por el proyecto, lo que saboteará el surgimiento de verdaderos mercados. Los pobres agradecerán haber disfrutado por un tiempo de beneficios gratuitos, siempre a sabiendas de que no durarían. Terminado el periodo de los grandes donativos, los medios callarán otra vez sobre los pueblos, y la mayoría de los lugareños pobres estarán en peores condiciones económicas que antes. Este fracaso dará más argumentos a quienes creen que no hay soluciones prácticas a la pobreza. Será más difícil recaudar fondos para los proyectos que sí funcionan.

Este escenario no es nuevo. Se ha montado muchas veces en localidades pobres, aunque no en tan gran escala como la recomendada por Jeff Sachs y sus colegas. Varias organizaciones han donado bombas de operación manual para dotar de agua potable a familias rurales, sólo para regresar al sitio dos años después y encontrarse con que 80% de ellas ya no funcionan, pues como nadie asumió su propiedad, nadie las arregló cuando se descompusieron.

En la década de los setenta el Banco Mundial invirtió 35 millones de dólares en proyectos para instalar en Bangladesh pozos profundos y superficiales con tubería de irrigación accionada por bombas de diesel. En ese tiempo, justo después de la guerra de independencia de dicho país, urgía aumentar la producción de alimentos, lo que imponía un incremento enorme en la superficie irrigada. Ese banco otorgó al gobierno de Bangladesh préstamos a tan bajas tasas de interés que equivalían a un subsidio de 85%. El gobierno trasladó a su vez tal generosidad a los agricultores ricos, quienes podían darse el lujo de pagar sobornos.

Los pozos superficiales financiados por este proyecto tenían capacidad para regar seis hectáreas, en tanto que los agricultores recibían de bancos locales préstamos para comprarlos. Sin embargo, quienes los recibieron fueron los agricultores que pagaron sobornos a los funcionarios gubernamentales responsables de asignarlos. Como era de esperar, esos agricultores no pagaron los préstamos, garantizados por el gobierno de Bangladesh, ni éste, desde luego, los pagó al Banco Mundial, algo que todos los involucrados sabían desde el principio que sucedería.

Los pozos profundos podían regar cuarenta hectáreas, y como se les concedió sin costo, los agricultores que los obtuvieron debieron pagar para ello sobornos más altos. Un problema no previsto por el Banco Mundial y los expertos del gobierno fue que, dada la fragmentación extrema de las parcelas en Bangladesh, había cincuenta agricultores o más en el área de cobertura de cinco a seis hectáreas de un pozo superficial, y cientos de ellos en la de cuarenta hectáreas de uno profundo. Esto complicó enormemente la distribución de agua.

No es de sorprender que un pozo superficial representativo haya terminado irrigando una y media o dos hectáreas en lugar de seis, ni que los profundos rara vez regaran quince de cuarenta hectáreas. El problema más siniestro fue que los agricultores ricos que recibieron bombas mecanizadas se convirtieron en los amos del agua, que vendían a precios exorbitantes a los campesinos, cuyos préstamos ejecutaban y cuyas tierras confiscaban. En consecuencia, los ricos se hicieron más ricos y los pobres más pobres. Por no ser financieramente sustentables, la mayoría de los pozos profundos fueron abandonados al agotarse el subsidio. Siendo más pequeños y baratos, los superficiales fueron rentables desde el principio, y siguieron enriqueciendo a los agricultores adinerados. La meta de ampliar la superficie irrigada se alcanzó por supuesto, aunque en mucho menor medida que la pronosticada por los expertos.

Casi al mismo tiempo, los agricultores pobres empezaron a comprar bombas manuales de pedal, mucho más chicas y baratas, introducidas por el Rangpur Dinajpur Rural Service (RDRS), organización de desarrollo rural de patrocinio luterano, y comercializadas masivamente por la IDE. La mayoría de los líderes del desarrollo y la irrigación en Bangladesh coincidirían más tarde en que esas bombas pequeñas y de bajo costo tuvieron un impacto mucho más positivo en la reducción de la pobreza y la justicia social; pero como cada una regaba apenas un cuarto de hectárea, los expertos se convencieron de que sólo bombas más grandes podían irrigar terrenos suficientes para cultivar el arroz que la nación necesitaba.

Doce años después, 1.5 millones de campesinos pobres habían adquirido bombas de pedal a un precio de mercado no subsidiado de 25 dólares, y puesto bajo riego trescientas mil hectáreas más a una fracción del costo público de 35 millones de dólares del proyecto del Banco Mundial, que otorgó a grandes agricultores pozos superficiales y profundos sin más costo que los sobornos que tuvieron que pagar a los funcionarios gubernamentales para recibirlos.

A fines de la década de los ochenta, cuando las bombas de pedal eran cada vez más comunes, el presidente de Bangladesh, Hossain Mohammad Ershad, anunció con anterioridad a una jornada electoral que donaría veinte mil de ellas a su provincia natal. Los agricultores locales dejaron de comprarlas de inmediato, a la espera de las gratuitas. Muchos pequeños fabricantes, distribuidores y perforadores de pozos de la región cerraron. El gobierno asignó el contrato de las bombas de pedal a un gran fabricante con conexiones políticas que jamás había hecho bombas de esa clase, y que produjo dos mil de muy mala calidad. Las veinte mil prometidas no llegaron nunca, y miles de agricultores que habrían podido obtener 100 dólares anuales de una inversión de veinticinco en la compra de una bomba de pedal sufrieron grandes pérdidas.

No obstante, donativos y subsidios no son exclusivos de los ambiciosos programas globales contra la pobreza. También suelen contar con el apoyo entusiasta de las grandes corporaciones.

Hace unos años pasé una semana en Israel tratando de asociarme con Netafim, la compañía de irrigación por goteo más grande del mundo, con la esperanza de que la IDE y Netafim colaboraran en el desarrollo y comercialización masiva de una línea de equipo de irrigación por goteo al alcance de diez millones de pequeños agricultores. Pero no lo conseguí.

Los directivos de Netafim estaban seguros de fabricar el mejor equipo de irrigación por goteo del mundo. Preferían quedarse con sus productos de alto margen de ganancia aun si existía un mercado mayor de menor precio. Les preocupaba arruinar su reputación de excelencia si hacían equipo de costo menor.

"Los agricultores pobres merecen el mejor equipo", me dijeron. "Asociémonos para obtener grandes contratos del Banco Mundial en África. Este banco puede subsidiar fácilmente el costo de nuestro equipo, y un precio al alcance de los agricultores pobres. Esto permitirá a los campesinos usar el mejor equipo de irrigación por goteo del mundo, al igual que los agricultores ricos. Netafim venderá más y la IDE tendrá acceso a financiamiento del Banco Mundial para ampliar sus iniciativas contra la pobreza."

¿Acaso esto no era atractivo? Netafim aumentaría sus ventas. La IDE accedería a financiamiento del Banco Mundial. Y agricultores con conexiones obtendrían irrigación por goteo de alta calidad a precio de ganga. El único problema era que los campesinos pobres saldrían perdiendo. La demanda global de la irrigación por goteo de bajo costo era demasiado grande para ofrecer subsidios a todos, así que sólo los recibirían las personas con conexiones y sobornos para funcionarios gubernamentales. Entre tanto, los pequeños agricultores que ganaban menos de un dólar al día quedarían excluidos de este fácil juego. Más todavía, los subsidios al precio moverían el tapete a los empresarios de pequeña escala que se ganaban la vida fabricando y vendiendo irrigación al alcance de los campesinos. Pero, al final, todo esto podría venderse al público como otro exitoso programa contra la pobreza.

Como cabe suponer, salí de Israel sin ningún acuerdo con Netafim.

La solución de los subsidios es endémica en el mundo del desarrollo. La aplican gobiernos, el Banco Mundial, la UNICEF, la ONU, los políticos y muchos líderes en busca de oportunidades de foto con los pobres pero poco interesados en producir resultados mensurables. Los subsidios al precio de bienes y servicios destinados a los pobres casi siempre acaban empeorando las cosas.

Aun los alimentos donados a los hambrientos pueden causar problemas. En 1981, la IDE ayudó a que herreros en campamentos de refugiados en Somalia fabricaran quinientas carretas tiradas por burros y las vendieran a crédito —por el equivalente local de 450 dólares— a otros refugiados, quienes pronto empezaron a ganar 200 dólares mensuales netos transportando agua, leña y comida. Cada vez que se repartían alimentos donados, los campamentos entraban en ebullición. Uno de los productos de la canasta básica distribuida era leche en polvo. Yo vi a muchos refugiados abrir bolsas de leche para darla de comer a las cabras. No tenía ninguna utilidad para ellos, porque les gustaba la leche de camello. Al parecer, en la comunidad de asistencia nadie se había tomado la molestia de preguntar a los refugiados si acostumbraban consumir leche en polvo. El aceite de cocina se cotizaba en cambio muy alto, lo mismo que su envase de plástico, ideal para cargar agua.

Dado que una carreta promedio tirada por burros generaba ingresos netos de 200 dólares al mes, se pagaba sola en dos meses y medio, incluidos los intereses. Así, mis colaboradores y yo propusimos al Alto Comisionado de las Naciones Unidas para los Refugiados (ACNUR) ofrecerlas a 30% de enganche y el resto a crédito. Fuimos rechazados. Los programas de refugiados de la ONU estaban exclusivamente preparados para hacer donativos. Un funcionario de esa organización me preguntó indignado qué pasaría si el dinero pagado por los refugiados era robado por corruptos administradores de fondos. Yo repliqué que si ese dinero circulaba dos o tres veces antes de ser robado, haría dos o tres veces más bien que si sólo circulaba una vez. Mi opinión prevaleció al final, aunque por escaso margen. Luego de recuperar dos carretas por falta de pago, no resentimos un solo incumplimiento, y los dueños de las carretas pronto se hicieron millonarios en el contexto somalí, pues sus ingresos netos de 200 dólares mensuales eran quince veces mayores que el promedio.

Antes de refrendar mi aversión a los subsidios quiero dejar en claro que existen áreas, como educación, caminos y servicios de salud, en las que la inversión pública es indispensable, como es el caso de la creación de nuevos mercados en áreas rurales pobres. Dicho esto, creo que el primer paso para solucionar casi cualquier problema es buscar la manera de soltar las fuerzas del mercado capaces de resolverlo. Pienso que si algo ha creado más obstáculos que los subsidios para poner fin a la pobreza es la extendida idea de que se puede sacar a la gente de la pobreza haciéndole donativos.

Para salir de la pobreza, la gente debe invertir tiempo y dinero. El camino para salir de ella es liberar la energía de los empresarios del Tercer Mundo. La buena noticia es que los pequeños agricultores, quienes componen la mayoría de quienes viven con un dólar diario, ya son empresarios, y están rodeados por miles de empresarios más de pequeña escala que operan talleres, tiendas y reparadoras. Todos estos emprendedores quieren y pueden invertir en la creación de su propia riqueza si se ponen a su alcance oportunidades suficientemente rentables para atraerlos.

En mis primeros veinte años en la IDE, los líderes del desarrollo rechazaban mi noción de que pueden y deben venderse cosas a los pobres a un precio de mercado justo en vez de dárselas por nada. "Venta" era una mala palabra para las organizaciones de desarrollo.

"Las corporaciones multinacionales que usan el método de ventas que tú defiendes son precisamente las que causaron el problema de la pobreza", me decían. "Los pobres sencillamente no pueden darse el lujo de comprar lo que necesitan, y les hace mucha falta. La única opción real es donárselo."

Así, las organizaciones de desarrollo continuaron donando montones de alimentos, bombas manuales comunales que se descomponían en menos de un año y que nadie reparaba y miles de tractores que siguen oxidándose bajo el sol africano.

Me alegra decir que todo esto está cambiando. Tras el oprobioso fracaso de la planificación central en los países socialistas, en los círculos del desarrollo impera una nueva conciencia de que liberar la energía del mercado es la mejor manera de ayudar a la gente en su intento por escapar para siempre de la pobreza. Hoy los expertos en desarrollo consideran el éxito de la IDE en la venta de bombas de pedal a 1.5 millones de campesinos en Bangladesh como una labor pionera. De pronto, líderes en irrigación, agricultura, economía y diseño se muestran vivamente interesados en mis palabras, y se me invita a dar más conferencias de las que puedo.

Pero, sobre todo, cada vez más personas se dan cuenta de que permitir que los individuos inviertan tiempo y dinero en atractivas y accesibles oportunidades de aumentar sus ingresos es para gran número de ellos el único camino realista para salir de la pobreza.

El crecimiento económico terminará con la pobreza

El segundo mito es que la pobreza desaparecerá gracias al crecimiento económico per cápita. Hace doscientos cincuenta años, 80% de la población mundial era tan pobre como lo son hoy los mil cien millones de personas que sobreviven con menos de un dólar al día. Pero entonces llegaron el motor de vapor, la energía del carbón y las fuerzas del mercado que crearon la revolución industrial. Esto dio origen a doscientos cincuenta años de sucesivas oleadas de crecimiento económico que erradicaron la pobreza de la gran mayoría de la población. En consecuencia, podemos caer víctima de un segundo mito: el de que basta con mantener un Producto Interno Bruto (PIB) per cápita sistemáticamente alto en los países en desarrollo para que los pobres que viven con un dólar al día dejen de existir.

Pero en Estados Unidos, uno de los países más ricos del mundo con persistente crecimiento económico a lo largo de muchas generaciones, el Census Bureau informó en 2005 que treinta y siete millones de personas, 12.6% de la población total de ese país, vivían en la pobreza. La India, por su parte, ha registrado durante años un crecimiento económico sostenido de 6% anual, pese a lo cual en 1999, 36% de su población, unos trescientos sesenta millones de personas, sobrevivía con menos de un dólar diario. China ha exhibido

51

un sostenido índice de crecimiento del PIB per cápita aún más impresionante, de 8%, pero 16.6% de su población, es decir doscientos dieciséis millones de un total de mil trescientos millones, sobrevivía con menos de un dólar al día en 2001.[14] Si el crecimiento económico sostenido pone fin a la pobreza, ¿cómo es que la India y China, dos países en desarrollo con admirables índices de crecimiento sostenido, siguen teniendo unos quinientos setenta y cinco millones de pobres, la mayoría de ellos hambrientos?

La razón de eso es que la mayoría de los pobres viven en áreas rurales remotas, las que sucesivas oleadas de crecimiento industrial, de naturaleza urbana, probablemente seguirán pasando por alto. El crecimiento industrial se traduce en crecimiento del PIB per cápita, y por lo general deja de lado a tres cuartas partes de las personas que subsisten con un dólar al día, quienes viven en áreas rurales aisladas y se ganan la vida en microgranjas. Muchas personas sin éxito en las áreas rurales migran, desde luego, a las ciudades en busca de trabajo, y algunas lo encuentran. Un gran número termina en barriadas, y la mayoría regresa pronto a su pueblo de surgir empleos atractivos.

Es cierto que se necesita crecimiento para acabar con la pobreza. Pero lo que se necesita es crecimiento económico en áreas rurales remotas de parcelas de media hectárea donde viven personas pobres, no crecimiento genérico del PIB per cápita, el cual ocurre sobre todo mediante industrialización en áreas urbanas. El fin de la pobreza urbana requiere crecimiento económico en zonas deprimidas, estimulado por la creación de nuevos mercados para empresas de barrio informales que ofrezcan empleo a los pobres. En este libro se describirán muchas maneras nuevas de que los campesinos aumenten los ingresos que obtienen de parcelas de media hectárea, y empresas de barrio que emplean a pobres eleven su rentabilidad.

Si no es posible generar crecimiento y prosperidad económica en el contexto específico de las microgranjas remotas y las barriadas urbanas, el crecimiento industrial, que engendra crecimiento del PIB per cápita, seguirá dejando de lado a la mayoría de los pobres.

Las grandes empresas acabarán con la pobreza

Algunas personas ven la hoz como el arma para iniciar una revolución, y otras como una herramienta para cosechar. Pero no es inherentemente ninguna de ambas cosas. Es una pieza curva de metal con un borde afilado y mango de madera.

Cuando fundé la IDE, hace veinticinco años, los activistas contra la pobreza veían a las corporaciones multinacionales como opresoras de los pobres, y a las empresas como el enemigo. Hoy muchos las ven como caballeros blancos prestos a someter al dragón de la pobreza. Pero una corporación multinacional no es inherentemente ninguna de ambas cosas. Es una estructura organizacional para hacer negocios. Si la mayoría de las multinacionales siguen operando como hasta ahora, la opinión de que las grandes empresas terminarán con la pobreza no dejará de ser un mito tentador.

Es tentador porque hay buenas razones para creer que las grandes empresas son instrumentos contra la pobreza. Si es un hecho que los pobres deben aumentar sus ingresos, ¿quién sabe más que las multinacionales de cómo ganar dinero? Pero muy pocas de ellas saben obtener ganancias atendiendo a clientes que sobreviven con menos de un dólar al día, quienes bien pueden ser analfabetos y no tienen acceso a los medios de información masiva. Un número creciente de empresas aprenden ya a atender a clientes que ganan cuatro o cinco dólares al día; pero en el contexto de la mayoría de los países en desarrollo, esos sujetos pertenecen a la clase media. Para tener impacto en la pobreza, las grandes empresas deben aprender a ofrecer bienes y servicios accesibles capaces de aumentar los ingresos de los muy pobres, a hacerlo en altos volúmenes y a obtener ganancias de ello.

Gracias a su libro *The Fortune at the Bottom of the Pyramid*, C. K. Prahalad se ha convertido en el paladín de la cada vez más extendida tendencia a ver a las multinacionales comprometidas contra la pobreza.

"Comencemos con una proposición simple", señala este autor. "Si dejamos de pensar en los pobres como víctimas o como una carga y empezamos a concebirlos como empresarios creativos y resistentes y como consumidores interesados en el valor, se abrirá para nosotros todo un nuevo mundo de oportunidades."[15]

Yo no podría estar más de acuerdo con esto.

Pero los métodos prácticos que Prahalad sugiere para aprovechar ese nuevo mundo de oportunidades están muy por debajo de la incitante visión de la que él parte. Lo mismo que Jeff Sachs, casi no intenta fijar prioridades para iniciativas de reducción de la pobreza, y trata con igual admiración a las nueve empresas que presenta como modelos para erradicar la pobreza. La mayoría de ellas realizan, en efecto, programas admirables. Pero varían ampliamente en su rentabilidad e impacto en los pobres, y Prahalad, profesor de la University of Michigan Business School, no hace un análisis comparativo de la rentabilidad final del desempeño de negocios de esas compañías, ni del mensurable impacto directo de sus actividades en la vida de los pobres.

De las nueve organizaciones ejemplares descritas por este autor, una no es una empresa en absoluto, sino una loable obra de beneficencia; tres atienden a clientes de clase media o alta; una suministra información epidemiológica útil, aunque no disponemos de ningún dato sobre su desempeño como empresa, y cuatro participan en actividades con rendimiento financiero e impacto en los pobres sumamente variables.

Bhagwan Mahaveer Viklang Sahayata Samiti (BMVSS) es la admirable organización no lucrativa india que ofrece sin costo alguno el magnífico pie ortopédico Jaipur de 30 dólares a personas pobres de países en desarrollo. Pero se trata de una organización de beneficencia, no de una empresa. Cemex posee un excelente modelo de negocios para la comercialización y venta a crédito de materiales de construcción, y Casas Bahia brinda similar excelencia a clientes de electrodomésticos como televisores y refrigeradores. Ambas compañías atienden a clientes de clase media que ganan al menos cinco o seis dólares al día, no uno. Quizá lo mismo pueda decirse de Annapurna Iodized Salt, cuyo producto ayuda a prevenir enfermedades causadas por falta de yodo, pero que vende a un precio más alto del que la mayoría de los muy pobres pueden pagar. Voxiva representa un modelo espléndido para obtener información en abundancia sobre la salud de la población, particularmente relevante para una rápida respuesta a epidemias. Pero aunque está constituida como empresa, parece operar más bien como una ONG beneficiaria de subvenciones; y dado que ni el autor ni la página en internet de esta compañía dan información sobre su desempeño financiero, es imposible evaluar sus resultados como empresa.

Cuatro de los estudios de caso descritos por Prahalad contienen algunos ejemplos potencialmente útiles de oportunidades de negocios dirigidas a los pobres. ICICI Bank, uno de los bancos más grandes de la India, es un modelo rentable en cuanto a la formación de más de ocho mil Grupos de Autoayuda (GA) de mujeres que participan en los programas de ahorro y crédito de esa institución. Puesto que tales grupos son organizados por promotoras integrantes de GA remuneradas según su rendimiento, este modelo parece ser un medio rentable para ampliar el enfoque básico del Grameen Bank. Por desgracia, es improbable que resulte económicamente viable, aunque no se nos dan datos de pérdidas/ganancias. Al ofrecer información oportuna de precios de mercado a través de centros de información en internet, el sistema e-Choupal —división de ITC, importante compañía india— aumenta los ingresos de los agricultores pobres, pues les permite vender a precios más altos y recibir información para mejorar sus prácticas agrícolas. No obstante, no contamos con datos sobre la rentabilidad final de este modelo. Hindustan Lever, subsidiaria india de Unilever, lanzó una iniciativa de mercadotecnia de gran escala en torno a su popular marca de jabón Lifebuoy, que incorporó comunicación efectiva sobre los beneficios de salud de lavar a mano, lo cual elevó en 30% las ventas del producto y redujo quizá la frecuencia de diarrea y otras enfermedades entre los pobres del campo. El Aravind Eye Care System se sirve de las ganancias que obtiene en operaciones de cataratas en el Reino Unido y la India para prestar el mismo servicio a pacientes demasiado pobres para pagarlo.

Aravind ofrece operación de cataratas e inserción de lentes intraoculares a un precio de entre 84 y 331 dólares, la décima parte del vigente en Estados Unidos. De 1997 a 2002 llevó a cabo más de un millón de cirugías, la mayoría en pobres, cuya atención se solventó con las ganancias obtenidas de pacientes en condiciones de pagar.[16] Los datos provistos tanto del desempeño financiero de Aravind como de su impacto en los pobres indican que el suyo es un buen modelo de negocios con impacto positivo en los pobres, aunque tal vez menos de la mitad de 1% de quienes viven con un dólar al día pueden beneficiarse de una cirugía ocular accesible.

Para operar como una empresa más que como una obra de beneficencia, la organización matriz de Jaipur tendría que elaborar una estrategia como la venta de una versión de 2,000 dólares de su pie a clientes occidentales demasiado pobres para acceder al modelo de 8,000 dólares, y usar sus ganancias para solventar y ampliar los servicios subsidiados que presta a clientes pobres.

Lamentablemente, Prahalad pone a los cuatro mil millones de personas del mundo entero que ganan uno, dos, tres y cuatro dólares al día en el mismo barco en la base de la pirámide. Después, cita a empresas ejemplares —como Casas Bahia en Brasil y Cemex en México, que atienden a clientes de clase media— como modelos del papel que las grandes empresas pueden desempeñar para poner fin a la pobreza. Esto es un poco como juntar en un solo grupo en la base de la pirámide a las personas sin hogar, los receptores de prestaciones sociales, los trabajadores sociales, los maestros y las enfermeras de Estados Unidos y citar a una exitosa cadena de distribuidoras de autos Hyundai como modelo de atención a individuos en la base de la pirámide.

Es indudable que las grandes empresas pueden tener un impacto enorme en la aniquilación de la pobreza y obtener abundantes ganancias de ello. Pero para aprovechar esta excelente oportunidad, deben aprender a pensar y operar en formas completamente distintas. Tendrán que hacer cambios radicales en su manera de diseñar, fijar precio y ofrecer productos y servicios a los pobres. Para tener un impacto positivo en la vida de los muy pobres, estos radicalmente distintos modelos de negocios económicamente sustentables deberán incorporar los siguientes principios básicos:

1. La primera prioridad es para los modelos que atiendan eficazmente a clientes que viven con menos de un dólar al día.

2. Productos y servicios se diseñan pensando en llegar a precios accesibles a personas que ganan menos de un dólar al día, en ventas a un precio de mercado justo no subsidiado.

3. La primera prioridad es para el diseño y arribo al mercado de herramientas y estrategias generadoras de ingresos capaces al menos de pagarse solas en el primer año.

4. El modelo de negocios expresado en un plan de negocios viable podrá llegar a una rentabilidad última en un marco temporal aceptable para los inversionistas que financian la empresa.

5. Impactos positivos mensurables en la pobreza son un componente esencial de un plan de negocios viable.

6. La capacidad para ampliar las actividades a fin de que lleguen a millones de clientes pobres también es un componente esencial de un plan de negocios viable.

Al igual que el proceso de evolución del iPod desde un radio de transistores de cinco dólares, diseñar y ofrecer productos y servicios lo bastante accesibles para ser atractivos para los clientes que viven con un dólar al día, conduce casi siempre, a grandes avances en el mercado de los ricos. La experiencia de la IDE y otras organizaciones, como KickStart, indica que muchos productos pueden obtener un rendimiento neto de 300% anual o más sobre la inversión que realizan clientes muy pobres al comprarlos. Conforme sus ingresos aumentan de un dólar a tres al día y más, los pobres se vuelven clientes de una amplia variedad de bienes de consumo, lo que brinda importantes oportunidades de negocios a las compañías que ya los han atraído.

Quienes sobreviven con menos de un dólar al día registran el índice salarial más bajo del mundo, alrededor de la sexagésima parte del mínimo en Estados Unidos. En una economía global en la que la captura de expedientes médicos en hospitales estadunidenses y europeos se subcontrata en la India y en la que algunos jeans de marca que se venden en Europa son producidos en China, el reto para las grandes empresas es buscar el modo de utilizar el índice salarial de cinco centavos la hora de quienes viven con un dólar diario y obtener ganancias de ello. Ya existen modelos exitosos a este respecto.

La Gujarat Cooperative Milk Marketing Federation (GCMMF) se ha convertido rápidamente en la mayor organización comercializadora de productos alimenticios de la India. En 2005-2006 efectuó ventas por 850 millones de dólares, manejando 9.91 millones de litros de leche al día de 2.5 millones de pequeños productores, la mayoría de los cuales empezaron ganando menos de un dólar al día. También conocida como Amul, esta creativa organización buscó la forma de recolectar leche entre granjeros con uno a tres búfalos, enfriarla y procesarla para convertirla en productos como leche fresca, mantequilla, queso y helado, para su venta a quienes podían comprarlos. Lo mismo que los pequeños granjeros miembros de Amul, los ochocientos millones de agricultores que viven con un dólar diario podrían aprovechar sus bajísimos costos laborales para producir fuera de temporada frutas, verduras y hierbas de alto costo intensivas en mano de obra, así como los ingredientes clave del aceite esencial de cosméticos de lujo y del perfume Chanel No. 5, si grandes empresas hallan la manera de recolectarlos y comercializarlos en mercados de alto nivel, como lo hace Amul.

La IDE, la organización que yo fundé, ya ha vendido más de dos millones de bombas de pedal a familias rurales que viven con un dólar al día, lo cual ha incrementado sus ingresos anuales netos en más de 200 millones de dólares y generado un impacto multiplicador en localidades pobres de al menos 500 millones de dólares al año. La demanda inicial del mercado indica que la demanda global de sistemas de goteo de bajo costo ascenderá a al menos diez millones de familias, cuyos ingresos anuales netos aumentarán en 2,000 millones de dólares al año.

Mientras que el enfoque de los actuales expertos en desarrollo está dominado por mitos como el de que con donativos se puede sacar a la gente de la pobreza, las familias que viven con un dólar al día tienen una visión clara del principal motivo de que sus ingresos sean persistentemente insuficientes y las mantengan en la pobreza. También tienen una

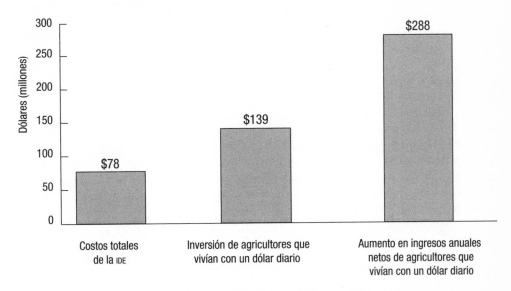

Gráfica 2. *Impacto de la IDE en veinticinco años*

idea clara de lo que pueden hacer para aumentar sus ingresos. Adoptando estos puntos de vista, la IDE ha alentado a pequeños agricultores a invertir en cultivos comerciales diversificados, de alto valor e intensivos en mano de obra, como una amplia variedad de frutas, verduras y hierbas. Los estímulos al surgimiento de cadenas de suministro del sector privado han abierto la puerta a irrigación, semillas y fertilizantes accesibles. IDE, TechnoServe y muchas otras organizaciones han promovido la entrada a mercados en los que pequeños agricultores puedan vender sus productos a través de cadenas de valor del sector privado. Aplicando estos principios, la IDE ha ayudado a entre 2.5 y 3 millones de familias que vivían con un dólar diario a aumentar significativamente sus ingresos anuales netos. Cada una de esas familias hizo considerables inversiones de tiempo y dinero para salir de la pobreza.

En los últimos veinticinco años, la inversión total de la IDE y sus benefactores en iniciativas contra la pobreza en el campo fue de 78 millones de dólares. En ese mismo periodo, agricultores que vivían con un dólar diario invirtieron un total de 139 millones de dólares en herramientas generadoras de ingresos promovidas por la IDE. Esta inversión generó 288 millones de dólares al año en nuevos ingresos netos de carácter permanente. Considerado en un periodo de siete años, el rendimiento neto para pequeños agricultores que vivían con un dólar diario fue de más de 2,000 millones de dólares, sobre una inversión total tanto de la IDE como de sus clientes de 217 millones de dólares. De esto se desprende para la mayoría de los agricultores un claro patrón de aumento sostenido lo mismo de sus inversiones en cultivos de alto valor que de los ingresos netos que obtienen de ellos al paso del tiempo.

Éste es apenas un grano de arena en el contexto de los mil cien millones de personas que viven con un dólar al día en todo el mundo. La buena noticia es que este enfoque puede ampliarse para sacar de la pobreza a quinientos millones de agricultores o más que viven con un dólar diario.

Está claro que sin una revolución mental y práctica de parte de la comunidad del desarrollo, la comunidad de negocios y los pobres mismos, nunca se terminará con la pobreza. Pero si aprendemos a escuchar a los pobres, a conocer los contextos específicos en los que viven y operan y a buscar la manera de aprovechar su energía empresarial para que puedan elevar sus ingresos, estoy seguro de que al menos quinientos millones de familias que hoy sobreviven con menos de un dólar al día hallarán formas prácticas de acabar con su pobreza en una generación.

Paul Polak, Bob Hyde y un pequeño agricultor de la India con su bomba de pedal

Un pequeño agricultor muestra con orgullo sus pepinos regados por goteo

TODO EMPIEZA POR GANAR MÁS

Una vez que Krishna Bahadur Thapa y yo nos conocimos lo suficiente para confiar uno en el otro, luego de hablar sin parar y recorrer juntos las desperdigadas parcelas de un octavo de hectárea de su lote de una hectárea en el pueblo de Ekle Phant, le hice una pregunta.

–Bahadur, ¿por qué eres pobre y qué podrías hacer para dejar de serlo?

Sonrió tímidamente y frunció el ceño, como dando a entender que era demasiado cortés para llamarme idiota en mi cara o para preguntarme si acaso yo estaba ciego.

–Soy pobre porque no he encontrado la manera de ganar más —me contestó.

"Claro que mi familia y yo somos muy afortunados en comparación con algunos de nuestros vecinos. Tenemos una hectárea de muy buenas tierras, y podemos producir suficiente arroz para no pasar hambre dos años de cada tres. Ganamos otras dos mil quinientas rupias (35 dólares) vendiendo verduras en la temporada de lluvias y algo de garbanzo negro, y a veces un poco de arroz sobrante, y mi hijo Deu Bahadur y yo podemos ganar cinco mil rupias más trabajando en Mugling. A veces vamos en camión a Katmandú a buscar empleo. Pero, en realidad, todo esto no nos alcanza para vivir".

"Somos pobres porque no podemos ganarnos decorosamente la vida con nuestro terreno, y es difícil encontrar trabajo. Cuando lo hallamos, no dura mucho, y no rinde lo suficiente para vivir. Sin nuestra parcela, no sé cómo podríamos subsistir".

"Si pudiéramos encontrar la manera de ganar más en nuestra parcela, dejaríamos de ser pobres en muy poco tiempo".

En los últimos veinticinco años he hablado con más de tres mil familias pobres del mundo entero —familias como la de Bahadur—, y todas me han dicho lo mismo: que lo que más necesitan para salir de la pobreza es buscar la manera de ganar más. Esto es tan obvio que me dicen que es un ejemplo perfecto de lógica circular. Pero la triste verdad es que no es tan obvio para la gran mayoría de los expertos en pobreza del mundo entero.

"Los pobres lo son porque no tienen poder", asevera un influyente grupo. "Son víctimas de un sistema político corrupto que mantiene su poder despojando a los pobres del suyo. Si se hallara la forma de dotar de poder a los pobres, darles voz, brindarles acceso al poder en el sistema político que controla su vida, su pobreza desaparecería".

"Los pobres están atrapados en la pobreza porque no tienen educación", dice un segundo grupo. "¿Cómo puede alguien esperar tener poder sobre su vida, o saber cómo hacer algo, si no sabe leer ni escribir, y mucho menos puede acceder a un empleo decoroso? La educación es un derecho humano", asegura.

"Si a los hijos de familias muy pobres se les diera una educación decente, dejarían de ser pobres en la primera generación. O al menos accederían a empleos decorosos."

"Nada de eso tiene la menor utilidad para quien cae gravemente enfermo de paludismo una vez al mes y no puede trabajar por ese motivo", dice un tercer grupo. "Hoy, quien vive en Zambia o Zimbabue tiene muchas probabilidades de ser huérfano al cumplir los doce años, porque para entonces sus padres habrán muerto de VIH/sida.

"El medio más eficaz para terminar con la pobreza es erradicar enfermedades graves como polio, paludismo, tuberculosis y VIH/sida, que inutilizan a los pobres y garantizan que lo sigan siendo. Debemos implantar programas para que la gente se mantenga sana."

"¡Todos ustedes están equivocados!", clama un grupo más de expertos en pobreza. "Cierto, todo eso es muy importante. Pero si sólo se corrige la educación y se ignora la salud, no se mejorará mucho. ¿De qué sirve que un pobre reciba una buena educación si antes de cumplir los veinte años el paludismo lo inutilizará? Atacar un único factor clave —como transporte, agricultura, riego, agua potable o salud— no sirve de nada si no se resuelven al mismo tiempo los problemas de todas las demás áreas clave. Esto costará mucho dinero. Pero es el único modo de acabar con la pobreza de una vez por todas".

"Mala salud, educación de baja calidad, falta de agua y drenaje y todas las demás causas de fondo de la pobreza deben atacarse efectiva y simultáneamente para tener esperanzas de acabar con la pobreza."

¿A quién creer? ¿A los pobres, como Bahadur y su familia, o a los expertos en pobreza de todo el mundo?

A primera vista, la noción de que los pobres lo son porque no tienen suficiente dinero parece difícil de refutar. Tal cosa es obvia si se habla con los pobres y se les escucha.

Pero no lo es tanto para quienes piensan demasiado en ello.

Oigamos, por ejemplo, lo que dicen los profesores Paul Hunt, Manfred Nowak y Siddiq Osmani en una publicación de la ONU sobre pobreza y derechos humanos.

"Hay un punto de vista emergente según el cual la pobreza constituye una negación o infracción de derechos humanos. Pero ¿esto significa que pobreza equivale a infracción de los derechos humanos en general? Es decir, ¿una infracción de cualquier tipo de derechos humanos constituye pobreza? ¿O sólo cierto tipo de derechos humanos deben importar en el contexto de la pobreza? De ser así, ¿cómo decidir cuáles, y puede el discurso sobre la pobreza ser indiferente al resto? Ésta es la clase de preguntas que deben tratarse."[1]

Y ésta es la clase de análisis que se llevan a cabo en el ámbito de la pobreza.

¿Cómo fue que las cosas se complicaron tanto?

Un poco de historia podría ayudar a explicarlo. La idea de que los países ricos podían ayudar a los pobres a salir de la pobreza echa raíces en el clamoroso éxito del Plan Marshall para restaurar las economías europeas después de la segunda guerra mundial. De hecho, el Banco Mundial se llamaba entonces Banco Internacional de Reconstrucción y Desarrollo (BIRD). Pero cuando este banco intentó aplicar estrategias tipo Plan Marshall a las economías de países muy pobres, fracasó por completo. Una de las razones con las que se justificó este fracaso fue la de que la pobreza era demasiado compleja para resolverse únicamente con estrategias económicas, así que las tentativas de aumentar los ingresos de los pobres empezaron a juzgarse demasiado simplistas.

El movimiento del Desarrollo Rural Integral de la década de los ochenta, por ejemplo, aducía que todo intento por atacar un único factor contribuyente de la pobreza estaba destinado al fracaso. Dado que la pobreza es multidimensional, las iniciativas para acabar con ella debían atacar simultáneamente, para ser eficaces, todas las causas fundamentales clave. A mí esto me pareció ridículo, y escribí un artículo titulado "Segregated Rural Development", al que nadie prestó atención. No es de sorprender, sin embargo, que a todas las organizaciones les haya sido casi imposible implementar al mismo tiempo eficaces iniciativas de salud, educación, transporte, agua potable, vivienda, agricultura, derechos de la mujer y soberanía alimentaria, de modo que el movimiento del Desarrollo Rural Integral fracasó.

Casi todos los grandes problemas son complejos, desde luego, y para comprender un problema complejo se debe obtener un conocimiento exhaustivo de cada una de sus razones de fondo y de la forma en que interactúan. No obstante, hallar una solución práctica requiere una estrategia distinta. Es cuestión de buscar la "palanca" más simple capaz de producir el resultado más positivo.

El paludismo es un ejemplo perfecto de problema complejo. Tiene un ciclo de vida complejo en su receptor tanto humano como animal (mosquito anófeles), y un proceso igualmente complejo rige la evolución de variedades resistentes a las medicinas para combatirlo, factores todos ellos sujetos a la influencia de cambios en el entorno del receptor del parásito, tanto animal como humano. Sin embargo, una intervención de bajo costo relativamente simple puede reducir la frecuencia del paludismo: la amplia difusión de mosquiteros accesibles impregnados de insecticida.

Pese a la complejidad de la dolencia, la introducción de una barrera sencilla que impide a mosquitos anófeles contagiados inyectar parásitos de paludismo en el torrente sanguíneo de las personas puede parar en seco la propagación del paludismo. Y si hay menos portadores de parásitos del paludismo, menos mosquitos se contagiarán al picarles. Así, los índices de paludismo se reducirán a la larga, aun entre quienes carecen de mosquiteros.

Esas intervenciones simples, pero cruciales y eficaces, pueden tener importantes impactos positivos en múltiples frentes. He oído a muy pocas personas quejarse de que la distribución de mosquiteros sea un enfoque ridículamente simplista del complejo problema del paludismo, o de que el uso de penicilina sea un enfoque ridículamente simplista del complejo problema de la pulmonía neumocócica. Pero muchos líderes del desarrollo siguen subestimando la búsqueda de soluciones relativamente simples, de bajo costo y alta eficacia al complejo problema de la pobreza.

No tengo la menor duda de que la solución más importante, de bajo costo y alta eficacia a la compleja cuestión de la pobreza es ayudar a los pobres a aumentar sus ingresos. ¿Esto quiere decir que incrementar los ingresos de los pobres resuelve por sí solo todas las complejas causas de fondo de la pobreza? Claro que no. ¿Y qué impacto, si alguno, tendría esto en la educación, la salud, la agricultura y las demás causas de fondo de la pobreza? La mejor manera de responder a esta pregunta es permitir que los pobres que han aumentado sus ingresos hablen por sí mismos.

Conocí a John Mbingwe en una aislada aldea rural de Zambia en 2001. Larguirucho y enfundado en un overol, nos condujo lentamente desde el camino de terracería lleno de baches que pasaba junto a maizales de temporal de hojas amarillas hasta la parcela de media hectárea de verduras que él cultivaba para el mercado de Livingston, a veinticinco kilómetros de ahí. Durante años había cultivado verduras cargando agua en cubetas desde el rudimentario pozo de metro y medio de hondo que él y su esposa cavaron con una pala en la parte pantanosa de su terreno, llamada *dambo*. Pero cargar agua en cubetas es muy pesado, y él y su esposa tenían que trabajar mucho tiempo para regar apenas un octavo de su media hectárea de verduras. Así, tiempo después pidieron dinero prestado para instalar la bomba de pedal que compraron en una distribuidora local. Con menos trabajo del necesario para regar con cubetas un octavo de su media hectárea, su familia y él descubrieron que podían producir media hectárea entera de verduras. En un año habían pagado el préstamo de la bomba y aumentado sus ingresos anuales netos de 300 a 600 dólares, y ya iban en camino de ganar más.

—¿En qué lo gastan? —le pregunté.

—Ante todo, mi esposa y yo nos aseguramos de que nuestros dos hijos reciban una buena educación —respondió. Las escuelas oficiales son gratuitas hasta el sexto grado, pero luego tenemos que pagar uniformes escolares, libros y algo de colegiatura, lo que era imposible para nosotros antes de ganar más. Antes apenas si podíamos comprarles ropa a los muchachos una vez al año, y nos habría sido imposible comprarles uniformes, sobre todo si se piensa que a veces no teníamos siquiera para comer.

"Ahora compramos ropa decente, comemos tres veces al día todo el año y los dos chicos podrán terminar la preparatoria. Mi esposa y yo tendremos que hacer casi todo el trabajo, pero ellos nos podrán ayudar con las verduras antes de irse a la escuela y al regresar, hasta que oscurezca".

"Estamos pensando invertir en una bomba de diesel usada para poder regar una extensión mayor. E intentaremos cultivar pimiento rojo y tal vez algunas caléndulas el próximo año. El problema es que ya desde ahora se nos dificulta desbrozar y hacer todas las demás labores en media hectárea de verduras".

"¿La IDE tiene herramientas que nos puedan servir para ahorrar trabajo?"

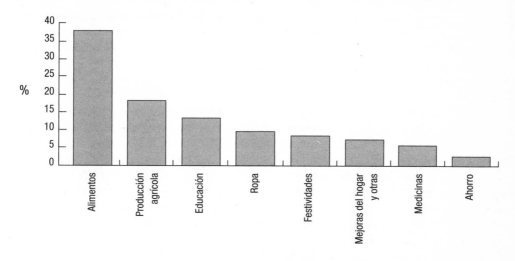

Gráfica 3. *Cómo invertían los pequeños agricultores de un pueblo montañoso de Nepal los nuevos ingresos que obtenían del cultivo de verduras*

La historia de John es muy común. La mayoría de los pobres dan alta prioridad a la educación de sus hijos. En países como la India y Bangladesh, donde la dote es una realidad, se educa a los hijos, mas no siempre a las hijas. La inversión más importante en las hijas consiste en ahorrar para la dote. Una dote lo bastante grande para atraer a un esposo capaz de mantener a una hija por el resto de su vida cuesta en promedio el salario de un año.

La gráfica 3 muestra la forma en que un grupo de agricultores de Nepal invirtieron sus ingresos nuevos procedentes del cultivo de verduras fuera de temporada usando sistemas de irrigación por goteo de bajo costo de la IDE.

¿Qué impacto tiene el aumento de los ingresos de los pobres en la falta de poder que tantos expertos en pobreza consideran la causa principal de esta última? Familias extremadamente pobres ven pisoteados sus derechos con regularidad. Pero ¿cuál es el camino más directo al poder para los pobres que no lo tienen? ¡Más ingresos! Los pobres no suelen hablar mucho de poder cuando les pregunto cómo invierten sus nuevos ingresos, pero es posible percibir en ellos discretas señales de su acrecentado orgullo, seguridad e influencia política.

En muchas áreas rurales, el agua es poder. En pueblos pobres del este de la India y Bangladesh en los que trabajó la IDE, agricultores ricos con extensiones mayores poseían pozos grandes y costosos, la única fuente de agua para riego. Los lugareños los llamaban los "amos del agua", porque controlando ésta podían controlar a los campesinos pobres, a los que pagaban salarios muy bajos. Sin embargo, era posible disponer de agua para riego a tres metros y medio bajo la superficie, de manera que cuando nosotros ofrecimos bombas de pedal de ocho dólares, los pequeños agricultores tuvieron acceso a su propia fuente de agua para riego. El poder monopólico sobre ellos de los amos del agua desapareció. Éstos seguían en posesión de empleos remunerados que los pequeños agricultores necesitaban, pero los campesinos pobres ya podían negociar un salario comercial justo.

¿Y la vivienda?

Cuando Abdul Rahman, un agricultor bengalí, empezó a ganar 100 dólares anuales en nuevos ingresos procedentes del cultivo y venta de verduras irrigadas, una de las primeras cosas que él y su familia hicieron fue poner un techo de lámina corrugada. Un día de septiembre, yo tomaba té con ellos en el pequeño patio fuera de su casa de adobe de dos cuartos y treinta metros cuadrados. Un modesto cobertizo junto a ella servía de cocina. De repente, empezó a llover muy fuerte, así que nos metimos. La lluvia en el techo de lámina corrugada sonaba como dieciséis baterías de ametralladoras que dispararan en forma simultánea, y toda conversación se suspendió. Pero el techo de paja al que el nuevo había remplazado parecía coladera, mientras que, bajo la lámina corrugada, el lustroso piso de arcilla estaba seco. No sólo eso: la lámina corrugada también despertó respeto y admiración entre los vecinos.

¿Más ingresos hacen algo por la salud de una familia pobre?

Un campesino de treinta años en una remota área rural de Bihar tenía lágrimas en los ojos cuando me contó de la grave enfermedad que su esposa había contraído tres años antes.

"Tosía mucho; pienso que tenía una infección en el pecho", me dijo. "Yo no tenía dinero para las medicinas. Le dio una fiebre espantosa, pero dos días después pareció mejorar. Entonces murió, a media noche. No sé qué habría hecho yo si mi hermana no me hubiera ayudado con mis hijos."

Si hubiera tenido mejores ingresos, este campesino habría podido llevar a su esposa a una clínica o con un curandero local. Tal vez la clínica no habría tenido medicinas y el curandero no habría podido ayudarle; pero si una u otro hubieran tenido conocimientos para evaluar la enfermedad de esa mujer y las medicinas indicadas para tratarla, ella podría estar viva aún.

Cuando la gente es demasiado pobre para pagar servicios de salud, no le queda sino aceptar lo que el gobierno o los benefactores puedan darle. Cuando puede pagar, es probable que elija y determine los servicios de salud importantes para ella. Esta misma libertad de elegir se ejerce en lo que atañe a las escuelas a las que manda a sus hijos. Más ingresos dan más poder y más opciones.

Pero más ingresos también mejoran la salud de la familia de otras maneras.

La mayoría de los pobres que sobreviven con menos de un dólar al día consumen una dieta muy limitada: un alimento básico como arroz, trigo o maíz y diferentes variedades de frijol que aportan el resto de los aminoácidos esenciales. Un trozo de pescado o carne puede añadirse como algo especial una vez al mes, y las frutas o verduras suelen ser muy escasas. Si esas familias empiezan a cultivar verduras para el mercado, siempre comen al menos las demasiado maduras o picadas por gusanos, y muchas consumen hasta la mitad de las verduras que cultivan, pese a que podrían ganar más si las vendieran. Las frutas y verduras, aun las picadas, aportan vitaminas y minerales vitales a la dieta de los pobres. Algunos hijos de familias rurales muy pobres se quedan ciegos por carencia de vitamina A, afección que puede prevenirse comiendo verduras amarillas. La mayor parte de las familias que viven con un dólar al día padecen hambre dos o tres meses al año, lo que las vuelve más vulnerables a enfermedades. Una de las primeras cosas en las que gastan sus ingresos nuevos son alimentos con los cuales saciar su hambre.

La mayoría de las familias muy pobres no tienen acceso a agua limpia, así que beben agua infestada de agentes patógenos. Usualmente saben que esto provoca diarrea a sus hijos, lo que los expone a morir, pero no tienen otra opción. Con un poco de ingresos extra, invierten en un filtro de agua de siete dólares o en una bomba manual de bajo costo. Cuando la IDE redujo a la mitad el costo de instalación de bombas manuales en Vietnam, las ventas nacionales se duplicaron. En casi todas las culturas rurales, cuando una familia instala una bomba manual de bajo costo permite a sus vecinos usarla. Un número sorprendente de familias rurales pobres en Vietnam han demostrado ya que cuando el mercado pone a su disposición letrinas de bajo costo, pueden y quieren invertir en las que más se ajustan a sus preferencias.

Cuando una familia eleva sus ingresos, es probable que sus miembros estén más sanos, se enfermen con menor frecuencia y lo hagan por periodos más cortos. Claro que esto no elimina la necesidad de clínicas públicas y de iniciativas para contener enfermedades tan graves como paludismo, tuberculosis y VIH/sida.

¿El incremento en los ingresos de los pobres repercute en la agricultura? Para los pobres del campo, reinvertir en agricultura es una oportunidad excelente de seguir aumentando sus ingresos, así que no es de sorprender que un porcentaje significativo de los ingresos nuevos se reinvierta en ganado o mejoras agrícolas y, de haber un verdadero golpe de suerte, en la adquisición de un poco más de tierra. Muchos invierten en ampliación del riego o semillas mejoradas y más fertilizante, para ganar más en su siguiente cosecha sin tener que esperar la ayuda del gobierno o los benefactores.

Los muy pobres que viven en barriadas urbanas rara vez cultivan mucho, aunque en ocasiones tienen acceso a pequeños lotes donde puede producir cultivos comerciales. Si tienen la suerte de conseguir un empleo bien remunerado, es más probable que inviertan parte de sus ingresos en el comercio o en oportunidades de pequeñas empresas que en la producción de cultivos.

¿Las familias pobres invierten gran parte de sus ingresos nuevos en mejoras de energía? La fuente de energía más común de los pobres es su propia espalda. Ocho millones o más de pequeños agricultores en África usan cubetas para transportar agua a sus cultivos desde arroyos o lagunas. Así, están prestos a invertir en formas más eficientes de aprovechar su energía, artefactos como bombas de pedal o sistemas de irrigación por goteo de bajo costo que ahorran energía al reducir la cantidad de agua que debe sacarse manualmente de un pozo.

La mayor parte de los agricultores que viven con un dólar al día cultivan con azadón. Un tractor es un sueño distante, como también lo es gastar 150 dólares en un animal de tiro. Unos cuantos pueden pagar a un vecino para que les preste su buey y su arado con que preparar sus arrozales para la siembra.

La mayoría de las familias rurales muy pobres no tienen acceso a electricidad, y a menudo gastan de dos a cinco dólares al mes en velas, petróleo para una lámpara o linternas de baterías. Así que se acuestan cuando oscurece y se levantan al amanecer. Muchos habitantes de barriadas urbanas tienen acceso ilegal a electricidad colgando un alambre de un cable de alta tensión, pero los pobres del campo no disponen de esta fuente. Con nuevas fuentes de ingresos, las familias pobres en áreas tanto urbanas como rurales invierten al instante en fuentes de energía mejores y más accesibles para sus hogares, como linternas recargables de tres dólares o lámparas solares de doce.

La variedad de bienes que la gente se echa a la espalda en los pueblos pobres es asombrosa. Para la mayoría de los muy pobres, tener una bicicleta no es más que un sueño. Cuando ganan más, pueden comprar una usada, que utilizan para cargar cosas antes que para su transporte personal. Pero su tecnología de transporte más popular son sus pies. Claro que los pobres a veces usan autobuses y bicitaxis (o su equivalente), porque son baratos. Burros, bueyes y camellos se emplean para tirar carretas, pero para la mayor parte de los muy pobres todos esos animales son demasiado caros. Para algunos habitantes de barriadas urbanas, operar un bicitaxi es una fuente de ingresos. Pero es muy probable que este taxista arriende el vehículo al dueño de una flotilla.

Todo se reduce a esto: aunque es cierto que la falta de poder, mala salud, educación de baja calidad y ausencia de infraestructura de transporte son importantes causas de fondo de la pobreza, no cabe duda de que el paso más directo y redituable para terminar con la pobreza es buscar la forma de ayudar a la gente a aumentar sus ingresos. Esto le permite tomar sus propias decisiones sobre qué causas de fondo de la pobreza atacar. Y el modo más eficaz de ayudar a los pobres a aumentar sus ingresos es dotar de nueva vida y rentabilidad a las empresas de base, como las microgranjas en áreas rurales y las incontables pequeñas empresas en barriadas urbanas, donde los pobres se ganan la vida.

*Casa de carrizos con techo de paja (la India) sin valor
comercial ni como garantía de un préstamo.*

Diseño para el otro noventa por ciento

Cuando Bahadur y su familia, con la ayuda de Helvetas, vieron llegar agua a su casa en un tubo de media pulgada, comprendieron que podrían usarla para regar verduras. De modo que sencillamente sujetaban el tubo y dejaban que el agua cayera sobre las plantas. Pero no sabían cómo emplearla para regar un campo entero de verduras. Nunca habían oído hablar de la irrigación por goteo, desde luego; y aun si no hubiera sido así, el sistema de goteo más chico les habría costado 2,000 dólares, mucho más de lo que podían permitirse.

Un experto en irrigación de talla mundial como Jack Keller habría podido darles en diez minutos tres soluciones prácticas a sus problemas, pero no había ningún Jack Keller a la mano. Bahadur y su familia no estaban al tanto de los plásticos modernos, pues de lo contrario habrían podido diseñar un sistema utilizable de goteo de bajo costo. He sabido de agricultores en Tailandia que diseñaron su propio sistema de bajo costo haciendo gotear agua desde tubos intravenosos de segunda mano que consiguieron en un hospital e insertaron en conductos de plástico. Pero sin la ayuda o información que necesitaban, Bahadur y su familia no podían avanzar. Pequeños agricultores como él tienen cientos de problemas cruciales como éste, que diseñadores modernos con acceso a información mundial podrían resolver rápidamente.

El problema es que 90% de los diseñadores del mundo están totalmente dedicados a buscar soluciones a los problemas del 10% más rico de los clientes del mundo. Es necesaria una revolución en el diseño para invertir esta proporción absurda y llegar al otro 90%.

Los ingenieros en transporte se ocupan de crear formas elegantes para los automóviles modernos, mientras que, en todo el mundo, la mayoría sueña con poder comprar una bicicleta usada. A medida que los diseñadores hacen productos más sofisticados, eficientes y duraderos, los precios aumentan, pero la gente con dinero puede y quiere pagarlos. En contraste, los pobres de los países en desarrollo —más numerosos por veinte a uno que los ricos de las ciudades— sólo cuentan con centavos para cientos de necesidades cruciales. Y aunque, en beneficio de la accesibilidad, están dispuestos a ceder en la calidad todo lo que sea razonable, el mercado no les ofrece nada para satisfacer sus necesidades.

El hecho de que la labor de los diseñadores modernos no tenga casi ningún impacto en la mayoría de la gente del mundo entero es ajeno a quienes entran al campo del diseño. Bernard Amadei, profesor de ingeniería de la University of Colorado-Boulder, me comenta que a los estudiantes de ingeniería de Estados Unidos y Canadá les entusiasma aprovechar las oportunidades que ofrecen organizaciones como Engineers Without Borders para trabajar en cuestiones como el diseño y fabricación de accesibles sistemas rurales de suministro de agua en países pobres.

Si los estudiantes pueden hacer contribuciones importantes al diseño dirigido a los clientes pobres, ¿por qué esta área sigue siendo ignorada? ¿Porque es mucho más difícil que la de diseñar para los ricos? No lo creo.

¿Qué tan complicado es diseñar para los pobres?

No hace falta tener un título en ingeniería o arquitectura para saber cómo hablar con y escuchar a los pobres como clientes. Yo lo he hecho ya durante veinticinco años. Lo que los pobres necesitan es tan simple y obvio que resulta relativamente fácil idear nuevos productos generadores de ingresos que ellos pagarán con gusto. Pero estos productos tienen que ser baratos para estar al alcance de esas personas.

Hace veintitrés años, International Development Enterprises (IDE) inició en Somalia su primer proyecto, consistente en ayudar a herreros refugiados a fabricar y vender a otros refugiados quinientas carretas tiradas por burros. Sin embargo, los caminos de terracería de Somalia que estas carretas recorrían estaban llenos de espinas, y sus dueños nunca compraban herramientas para llantas ponchadas. Por tanto, fui a Nairobi y compré juegos de parches para cámara; numerosas llaves inglesas de tuerca con asa de buena calidad de doce dólares, con garantía prácticamente de por vida, y algunas más de factura china de seis dólares, que con un poco de suerte durarían tal vez unos seis meses. Ofrecí en venta ambos tipos de llaves a los dueños de carretas, a mis expensas.

Para mi sorpresa, las llaves chinas se vendieron como pan caliente, y en cambio no vendí una sola inglesa. ¿A qué se debía esto? Tras conversar con muchos dueños de carretas, me di cuenta de que un operador podía generar en un mes ingresos suficientes para comprar diez llaves inglesas, pero que si hoy tenía dinero para comprar una a fin de reparar una llanta ponchada, no ganaría nada, y podía acabar perdiendo su carreta. Así que ese operador compraba la que podía permitirse para seguir en funciones hoy y ganar más mañana. Cientos de pobres con los que platiqué me dijeron lo mismo. Para los dos mil setecientos millones de personas en todo el mundo que ganan menos de dos dólares al día, la accesibilidad es lo primero.

La obstinada búsqueda de la accesibilidad

Vince Lombardi, el famoso entrenador de los Empacadores de Green Bay, solía decir a sus jugadores: "Ganar no es todo; es lo único".

Cambiando una palabra, el mismo sentir se aplica al proceso de diseñar productos que sirvan a los clientes pobres: "La accesibilidad no es todo. Es lo único".

Tengo que confesar que soy tacaño de nacimiento, así que la noción de poner en primer término la accesibilidad resulta natural en mí. Cuando necesito un paraguas, en vez de comprar un modelo de marca de 38 dólares en una tienda departamental, opto por uno negro en buen estado de un dólar en el Dollarama local, donde todo cuesta un dólar o menos. Sé que el modelo de 38 dólares durará mucho más, pero también que es probable que lo olvide en algún lado en menos de un mes. Si ese paraguas de un dólar me cubre la cabeza en un único aguacero o, mejor aún, durante un par de meses antes de que lo pierda, me habré ahorrado 37 dólares.

Los pobres del campo piensan casi igual, con una diferencia decisiva: mantendrán funcionando a la perfección ese paraguas de un dólar durante siete años, al cabo de los cuales éste tendrá más parches que el manto de Jacob y tres o cuatro tablillas improvisadas en el mango, pese a lo que seguirá siendo utilizable en el futuro.

Hay otra gran diferencia. Para ganar un dólar, en Estados Unidos un trabajador no calificado tiene que laborar diez minutos, mientras que su homólogo en Bangladesh o Zimbabue debe hacerlo dos días. El equivalente del Dollarama en el mundo en desarrollo sería el Centavorama. Para aprender a idear productos accesibles para los clientes pobres de los países en desarrollo, los diseñadores occidentales harían bien en comenzar realizando un ejercicio de lluvia de ideas para desarrollar un paraguas resistente de diez centavos. Pero en el mundo industrializado los diseñadores siguen haciendo el equivalente de un paraguas de 38 dólares para los pobres del campo del mundo entero.

¿Cuántas hormigas se necesitan para sustituir a un caballo?

Ponte en los zapatos de Peter Mukula, un agricultor pobre que vive junto a un camino polvoriento a veinticinco kilómetros de Livingstone, en el sur de Zambia. Si Peter pudiera comprar un caballo de carga, ganaría 600 dólares extra al año transportando verduras al mercado de Livingstone. Pero le es absolutamente imposible mendigar, pedir prestado o robar los 500 dólares que necesitaría para adquirir un caballo hoy. Intenta resolver este acertijo: piensa una solución práctica para el dilema de Peter.

Permíteme proponer algunas ideas extravagantes. ¿Y si Peter pudiera comprar la cuarta parte de un caballo? No un caballo pura sangre, sino un caballo de la cuarta parte del tamaño de uno regular de carga. Supongamos que pudiera adquirir ese caballo en miniatura en 150 dólares, y que éste pudiese cargar sesenta kilogramos. Peter ganaría menos dinero en cada viaje, pero podría usar gradualmente sus ganancias para comprar más caballos en miniatura. Una vez en poder de cuatro de ellos, sus animales transportarían los mismos doscientos cuarenta kilos que un caballo de carga de tamaño natural.

Pero aun si se pudiera conseguir un pequeño caballo de carga, 150 dólares siguen siendo mucho más de lo que Peter podría pagar. Tal vez podría encontrar un caballo enano de la decimosegunda parte del tamaño de un caballo estándar, que costara 50 dólares y cargara veinte kilos. Cinco años más tarde, Peter podría haber acumulado una cuadra de doce caballos enanos y ganar 600 dólares al año, la misma suma que ganaría con un caballo de carga de tamaño natural. Curiosamente, es posible conseguir caballos miniatura pura sangre de noventa centímetros de alto y de setenta a ciento cuarenta kilos de peso. ¡Pero cuestan entre 1,500 y 3,000 dólares!

He aquí una idea más extravagante todavía. Supongamos que pudiéramos inventar una forma de aprovechar la notable proporción fuerza-peso de la hormiga de monte común. Un grupo de estudiantes de ingeniería alemanes diseñaron pesas diminutas adheribles al lomo de una hormiga y determinaron que las hormigas de monte pueden cargar hasta treinta veces su peso. (Un ser humano sólo puede cargar el doble del suyo.) ¿Cuántas hormigas se necesitarían para transportar el mismo peso que un caballo de carga?

Hice las operaciones. Se necesitarían 1.25 millones de hormigas para cargar los doscientos cuarenta kilos de Peter. Ahora bien, 1.25 millones de hormigas serían baratísimas. Pero diseñar su arnés representaría todo un reto.

Los he llevado por este escenario de diseño ficticio para ilustrar la tarea central del diseño dirigido a los clientes pobres: idear grandes avances tanto en *miniaturización* como en *accesibilidad*, siguiendo justo el mismo proceso de Henry Ford o Jobs y Wozniak. El paso siguiente en la santísima trinidad del diseño accesible es lograr que el nuevo producto sea *infinitamente ampliable*. Si un agricultor debe regar por goteo un cuarto de hectárea (dos mil quinientos metros cuadrados) pero no tiene dinero suficiente para comprar un sistema de goteo que cubra esa área, podría adquirir un sistema de goteo que cubra un treintaidosavo de hectárea, y usar los 250 dólares en ingresos netos que ese sistema generaría para contar con uno de un cuarto de hectárea en el segundo año.

De las hormigas de monte a la presa de Asuán

Si crees que el proceso de dividir un caballo en doce piezas accesibles es complicado, ocúpate entonces del problema de dividir la capacidad de almacenamiento de la presa de Asuán en millones de piezas del tamaño de una hormiga, en representación de las microgranjas que podrían regarse con el agua almacenada en el lago Nasser, de quinientos kilómetros de largo. Grandes presas como la de Asuán se construyen para dar solución al doble problema global de inundaciones y escasez de agua. Pero cuando se trata de llevar agua de riego a modestas parcelas de media hectárea, los gigantescos sistemas de almacenamiento de agua de las presas suelen ser de poca utilidad.

El sistema "Nausa ed aserp"

Si escribes "presa de Asuán" al revés, obtendrás "Nausa ed aserp". Este sistema futurista suavizaría algunos de los picos y valles entre inundación y sequía perennes con la misma estrategia de la presa de Asuán, pero reducida a una cuatromillonésima parte de su tamaño para adecuarla a una parcela de una hectárea y al bolsillo de un pequeño agricultor. Ésta es la hormiga del caballo de la presa de Asuán.

En mayo de 2003 me entrevisté con agricultores de Maharastra, la India, que usaban sistemas de irrigación por goteo de bajo costo para hacer que el agua de sus pozos abiertos cubriera un área mucho mayor que el riego de crecidas que hasta entonces usaban. Pero la construcción de los pozos de dieciocho metros de hondo y siete y medio de diámetro que eran la única fuente de agua de riego en la temporada de secas, costaba cien mil rupias (unos 2,000 dólares). Siendo tan caros, sólo entre 25 y 40% de los campesinos de Maharastra tenían uno. El resto conseguía ínfimos ingresos de la agricultura de temporal y sobrevivía buscando trabajo fuera de sus solares.

No obstante, el agua de lluvia anegaba sus campos durante la estación de los monzones, en junio, julio y agosto. ¿Y si nosotros podíamos hallar una manera simple y barata de retener parte de esa agua y guardarla hasta la temporada de secas, de marzo a mayo, cuando los precios de las frutas y verduras llegaban a su nivel más alto, y de llevar después el agua a los cultivos a través de un sistema de irrigación por goteo de bajo costo?

Para crear en esos terrenos una versión en miniatura de la presa de Asuán, tuvimos que buscar el modo de:

1. Juntar agua de lluvia de la estación de los monzones en cada granja.

2. Quitarle el limo y lodo antes de guardarla.

3. Almacenarla durante seis meses sin que se evaporara.

4. Trasladarla del depósito a los cultivos sin desperdiciar una gota.

5. Sobre todo, desarrollar un sistema tan barato que fuera *accesible* para una familia rural pobre que viviera con 300 dólares al año, tan *rentable* que se pagara solo en el primer año, y que fuese *infinitamente ampliable* utilizando las ganancias que generara.

Las soluciones a los puntos 1, 2 y 4 eran fáciles. Para entonces ya se disponía de todo tipo de sistemas de captación de agua de lluvia que la juntaban, depuraban y almacenaban, en tanto que el sistema de goteo de bajo costo diseñado por la IDE ofrecía la posibilidad de

75

llevarla eficientemente hasta los cultivos. El crucial eslabón faltante era un sistema cerrado de almacenamiento de agua con cero evaporación para granjas individuales, tan barato que se pagara solo en la primera siembra.

Calculamos que era razonable suponer que un agricultor obtendría 50 dólares por cultivos de alto valor regados por goteo producidos en la temporada de secas en un lote de cien metros cuadrados usando diez mil litros de agua almacenada. Así, fijamos al tanque cerrado de almacenamiento de diez mil litros un objetivo de precio de venta al público de 40 dólares. Éste era un objetivo muy audaz, pues un tanque de hormigón armado de diez mil litros costaba entonces en la India de 250 dólares en adelante. Así, se nos ocurrió la idea de un embutido de plástico en una zanja, de diez metros de largo y doble pared. Usando como apoyo estructural la tierra circundante, podríamos cumplir nuestro objetivo de precio de 40 dólares. Esto permitiría a los agricultores retener agua de lluvia de la estación de los monzones, almacenarla seis meses sin pérdidas por evaporación y aplicarla, por medio de un sistema de goteo de bajo costo, a cultivos en temporada de secas que podían venderse a dos o tres veces su precio normal.

El concepto "Nausa ed aserp" se sirve de tres tecnologías nuevas y accesibles de irrigación de microgranjas que los pequeños agricultores han necesitado desesperadamente durante siglos: un sistema cerrado de almacenamiento de agua de bajo costo al que es posible destinar agua de lluvia de los monzones, una forma eficiente y de bajo costo de bombear agua desde ese depósito al campo y un sistema de goteo de bajo costo para conducirla eficientemente hasta cultivos de alto valor en la temporada de secas. Con estos mismos elementos podría hacerse un estanque de doscientos mil litros, con revestimiento de plástico y tapa flotante, que costara 400 dólares y pudiese almacenar agua suficiente para regar por goteo un octavo de hectárea de frutas y verduras en la temporada de secas, capaces de producir 500 dólares netos.

He aquí algunas herramientas cruciales más de irrigación accesible para microgranjas que la IDE y otras organizaciones ya diseñan, prueban y comercializan.

- *Bombas de pedal mejoradas y más económicas que bombean desde profundidades mayores*
  Varios equipos multidisciplinarios de la escuela de diseño de Stanford han creado versiones más accesibles de bombas de pedal para Myanmar, en tanto que KickStart lanzó recientemente una versión más accesible para Kenia, llamada "bomba hip".

- *Bombas motorizadas de cuerda y arandela para riego*
  Las bombas de cuerda y arandela extraen agua de modo accesible a profundidades fuera del alcance de la bomba de pedal. Dado que es difícil emplear sólo fuerza humana para extraer los volúmenes requeridos para regar, las bombas de cuerda y arandela, combinadas con micromotores de diesel, pueden irrigar cultivos de alto valor desde fuentes más hondas.

- *Sistemas de bombeo eólicos y solares de bajo costo*
  La energía fotovoltaica y eólica sigue siendo demasiado cara para las microgranjas, pero formas de concentrar la energía solar y de hacer molinos de viento más accesibles ofrecen esperanzas a los pequeños agricultores.

- *Herramientas mejoradas y de bajo costo para perforar pozos*
  La organización holandesa Practica y otras instituciones de desarrollo se ocupan ya de poner al alcance de las microgranjas una amplia variedad de técnicas de perforación.

- *Una línea de accesibles sistemas cerrados de almacenamiento de agua con capacidad para entre mil y trescientos mil litros*
  Describiré estos sistemas en el capítulo dedicado a la irrigación accesible de pequeñas parcelas, en el que también trataré el desarrollo del micromotor de diesel.

- *Microbomba de diesel de 100 dólares con un cuarto de caballos de fuerza*

- *Sistemas más grandes de goteo de bajo costo con emisores preinstalados*
  La drástica baja del precio de la irrigación por goteo ha vuelto rentable para los pequeños agricultores el uso de sistemas de goteo en cultivos de menor valor como algodón y caña de azúcar, y algunos incluso riegan alfalfa para sus búfalos lecheros. Estimo que, en los próximos diez años, sistemas de goteo de bajo costo como los desarrollados por la IDE dominarán la mayor parte del mercado mundial de irrigación por goteo.

- *Sistemas de bajo costo de aspersores de baja presión*
  La irrigación por goteo de bajo costo es indicada para cultivos sembrados en hileras. En los no sembrados en hileras —como trigo, mostaza y clavo—, el sistema accesible de aspersores de baja presión desarrollado en la India por Jack Keller y la IDE distribuye el agua en forma más eficiente que el método de las crecidas.

- *Sistema de irrigación de superficie de bajo costo con agua entubada para pequeñas parcelas*
  Sirviéndose de un sistema de tubos de pared delgada para llevar agua a microdepósitos hechos a mano, Jack Keller y la IDE India trabajan en el desarrollo de un eficiente sistema de suministro de agua superficial de bajo costo apto para parcelas pequeñas.

Éstos son algunos de los retos del diseño para la creación de sistemas accesibles de irrigación de pequeñas parcelas. La generación para microgranjas de herramientas de siembra, cosecha y procesamiento ulterior supone retos similares. A continuación se dan algunos ejemplos.

- *Guadaña de quince dólares para cosechar arroz, maíz y trigo*
  Quizá resulte sorprendente saber que la mayoría de los pequeños agricultores del mundo continúan usando la hoz para la cosecha de arroz y trigo. Esta última suele tardar varios días, lo que en algunos lugares retrasa a tal punto la siembra del cultivo siguiente que es imposible producir un tercero. En Europa, por supuesto, los campesinos pasaron de las hoces a las guadañas, y luego a las guadañas con uñas de madera, llamadas "guadañas agavilladoras", que amontonaban el grano al mismo tiempo que lo cortaban. Estas herramientas fueron remplazadas más tarde por las cosechadoras tiradas por caballos, y finalmente por las segadoras modernas. Si retrocediéramos en el tiempo para identificar el artefacto más eficiente en la cosecha de trigo o arroz en las usuales parcelas de un octavo de hectárea de los campesinos que vivían con un dólar al día, es probable que topáramos con la agavilladora. Hoy existe una amplia variedad de materiales más baratos, fuertes y ligeros, como la fibra de vidrio, con los que podrían hacerse mejoras tanto al mango de madera como a la hoja de las guadañas y agavilladoras que se han usado desde hace más de cien años. Una agavilladora de 15 dólares elevaría drásticamente la eficiencia de la cosecha en millones de microgranjas.

- *Procesamiento ulterior*
  Los pequeños agricultores necesitan toda una gama de nuevas herramientas de procesamiento ulterior capaces de agregar valor en el nivel de la granja o el poblado, aparte del diseño y diseminación de herramientas accesibles de irrigación y cosecha de pequeñas parcelas. Esto incluye:

- *Unidades de destilación de esencias a vapor, de 1,500 y 5,000 dólares*
  Estos dispositivos se describirán más adelante.

- *Gasificador de 50 dólares para generar calor*
  Muchos procedimientos de procesamiento de valor agregado de cultivos producidos en microgranjas requieren calor uniforme. El devanado de la seda, por ejemplo, implica calentar en agua capullos cultivados para que despidan hilos. El gasificador se sirve de una fuente de combustible, como astillas de madera en ausencia de aire, para producir gases flamables, que actúan en cierto modo como el propano y que se conducen a un mechero para brindar calor uniforme. Un gasificador de 2,000 dólares desarrollado en la India por el Tata Energy

Research Institute, con respaldo del gobierno suizo, redujo en 50% el uso de madera en operaciones de devanado de seda y rindió un porcentaje mayor de seda de primera. Diseñar un gasificador comercial con un objetivo de precio final de 50 dólares permitiría realizar en el nivel de la aldea o la granja varios procedimientos de procesamiento de valor agregado de secado y otros.

• *Secadoras solares de bajo costo para hojuelas de jitomate y plátano destinadas a mercados de alto nivel*

Estos ejemplos son representativos; la necesidad de herramientas accesibles de procesamiento de valor agregado en granjas es más extensa que la de irrigación accesible de pequeñas parcelas.

Existe una lista más larga aún para la gama de bienes de consumo que quienes viven con un dólar diario desearán comprar cuando aumenten sus ingresos, y que quienes ganan de dos a seis ya están dispuestos a adquirir. Esto incluye a los mil millones de personas que comprarían anteojos de dos dólares si alguien diseñara para ellas un sistema efectivo de distribución y comercialización global (véase más adelante). Más de mil millones de personas en el mundo que nunca se conectarán a la red de energía eléctrica estarían interesadas en adquirir una lámpara solar de diez dólares, hecha posible por los progresos alcanzados en diodos electroluminiscentes (Light-Emitting Diodes, LED). Más de mil millones de individuos comprarían gustosamente un filtro de agua de cuatro dólares para el hogar.

Una atractiva casa de 100 dólares tendría un impacto muy positivo en la vida de los campesinos pobres.

Una casa de 100 dólares

A la luz del hecho de que hoy en día la mayor parte de los jóvenes de América del Norte y Europa no pueden comprar una casa, resulta asombroso que la mayoría de los ochocientos millones de campesinos en todo el mundo que ganan menos de un dólar diario sean dueños de la casa en la que viven. Pero si quisieran venderla no obtendrían un centavo, y si quisieran darla en garantía de un préstamo de un banco local, serían rechazados. Esto se debe a que su casa, de carrizos y adobe, techo de paja y piso de tierra, carece de valor en el mercado local, y a que ellos no pueden construir algo con valor a un precio a su alcance.

En cada localidad, sin embargo, hay familias que construyen casas de ladrillo o tabique y techo de tejas, con valor tanto comercial como de garantía. Las erigen levantando uno por uno tramos de veinticinco ladrillos cada vez que tienen un poco de dinero extra, y tardan diez o veinte años en terminarlas. Esto es así porque en casi todos esos lugares no se dispone de préstamos para construir. Yo he visto muchos diseños de arquitectos occidentales para albergues de campos de refugiados, atractivos para el ojo occidental pero con un costo de 900 dólares en adelante, o de viviendas para familias rurales pobres de 1,500 dólares en adelante, precios demasiado altos para personas que viven con un dólar al día.

La casa sin valor de carrizos y paja no tiene cimientos estables ni armazón estructural duradero. Para comenzar a hacer una casa vendible y negociable de veinte metros cuadrados, basta con ocho vigas fuertes y un techo sólido sin goteras. Inicialmente, este perdurable armazón estructural puede completarse con materiales locales, por ejemplo carrizos rellenos de lodo como paredes. Luego, cuando se cuente con dinero, el carrizo puede remplazarse por tabiques o ladrillos, en grupos de veinticinco unidades.

Si la casa de 100 dólares se diseña desde un principio para aceptar módulos adicionales, a la manera de los juegos de piezas desmontables, la familia que viva en ella acabará poseyendo una casa tan grande como se lo pueda permitir. Terminada la casa negociable, la familia tendrá una fuente de garantía para pedir prestado dinero para insumos, implementos y ganado con los que incrementar los ingresos que obtiene de la agricultura.

Una revolución en el diseño

Diseñar productos atractivos para los clientes pobres requiere una revolución en el proceso del diseño. Esta revolución ya está en marcha. En el verano de 2007, el Cooper-Hewitt Design Museum de Nueva York, uno de los museos de la Smithsonian Institution, abrió la exposición "Design for the Other 90 Percent",[1] en la que se exhibieron treinta y seis diseños para pobres de todo el mundo. Entre ellos estuvieron varias bombas de pedal, un sistema de goteo de bajo costo, sistemas de purificación de agua de bajo costo y una tecnología que permite a empresarios rurales convertir hojas de caña de azúcar en briquetas de carbón comercializables. Esta exposición fascinó a la comunidad del diseño, y recibió creciente cobertura de prensa.[2] Tiempo después, mis colaboradores y yo constituimos la organización D-Rev: Design for the Other Ninety Percent,[3] cuya misión es producir la revolución en el diseño. Mi sueño es ejecutar cuatro iniciativas al mismo tiempo:

1. Transformar la enseñanza del diseño en los países desarrollados, a fin de que cubra el diseño para el otro 90% de la población mundial.

2. Transformar la enseñanza del diseño en los países en desarrollo, a fin de que cubra el diseño para el otro 90% de la población mundial.

3. Establecer una plataforma para que diez mil o más de los mejores diseñadores del mundo desarrollen soluciones prácticas a los problemas reales de los pobres.

4. Originar compañías internacionales con fines de lucro que comercialicen entre

clientes pobres, en forma rentable y masiva, tecnologías cruciales como anteojos de dos dólares.

Para tener éxito, el proceso de diseño para el otro 90% debe seguir un conjunto de principios y pasos prácticos que se apartan radicalmente del diseño convencional.

Los principios del diseño para el otro noventa por ciento

La miniaturización, la búsqueda obstinada de la accesibilidad y la ampliabilidad infinita son los tres componentes indispensables del diseño económico. He aquí algunos conceptos complementarios.

El cliente pobre dirige el proceso de diseño

Pensar en los pobres como clientes y no como receptores de limosnas modifica radicalmente el proceso del diseño. Los pobres no invertirán en un producto o servicio si el diseñador no conoce lo suficiente sus preferencias para crear algo que ellos valoren. El proceso del diseño accesible comienza por aprender todo lo que hay que aprender sobre los pobres como clientes, así como sobre lo que pueden y quieren pagar por algo que satisfaga sus necesidades. En caso de duda, yo recurro a la trilogía "No te molestes".

Adopta la trilogía "no te molestes"

1. Si antes de empezar a diseñar no has sostenido sustanciosas conversaciones, los ojos bien abiertos, con al menos veinticinco personas pobres, no te molestes.

2. Si lo que diseñas no se pagará solo en al menos el primer año, no te molestes.

3. Si al terminar el proceso de diseño no puedes vender a clientes pobres al menos un millón de unidades del producto a un precio no subsidiado, no te molestes.

Lo pequeño sigue siendo bello

E. F. Schumacher atinó al escribir maravillosamente sobre lo pequeño, pese a no haberse centrado lo bastante en la accesibilidad y la comerciabilidad. Una segadora moderna no tiene espacio siquiera para dar vuelta en una parcela usual de un octavo de hectárea, y mucho menos para cosechar en ella. Setenta y cinco por ciento de los terrenos cultivables en Bangladesh y la India son de menos de dos hectáreas, y en China de menos de un cuarto de hectárea. Dado que la mayoría de estas pequeñas parcelas se subdividen a su vez en solares de un octavo de hectárea, ésta es la medida con base en la cual debe evaluarse toda nueva tecnología destinada a los campesinos.

Para quienes sobreviven con una parcela de media hectárea, un pizca de semillas es mejor que una bolsa. Desde hace mucho los economistas han hablado de la "divisibilidad" de la tecnología. Un tractor no puede cortarse en piezas pequeñas, de modo que los economistas le han dado el extraño pero descriptivo nombre de "insumo grumoso". En cambio, una bolsa de veinte kilos de semillas de zanahoria puede dividirse fácilmente en paquetes del tamaño indicado para sembrar dos hileras en un huerto.

Hacer lo mismo con tecnologías mecánicas como artefactos de irrigación, cultivo y cosecha es quizá el reto más importante del diseño económico. Un sistema de aspersores de eje central es muy eficiente, cuesta mucho dinero y está diseñado para un campo de sesenta y cinco hectáreas. ¿Cómo diseñar un sistema de aspersores de baja presión que distribuya agua casi con igual eficiencia que un sistema de eje central, cueste menos de 25 dólares y opere en un campo de un octavo de hectárea? Un sistema israelí de irrigación por goteo es muy eficiente, cuesta mucho dinero y está diseñado para campos de más de dos hectáreas. ¿Cómo diseñar un sistema que sea casi tan eficiente como el israelí, cueste menos de 25 dólares y se ajuste perfectamente a una parcela de un octavo de hectárea? La IDE ha logrado grandes avances en la resolución de estos dos problemas de diseño, pero hay todavía miles más por atacar.

Lo económico también es bello

Reducir a un octavo de hectárea un sistema de irrigación por goteo para cuatro hectáreas no sólo lo vuelve apropiado para la pequeña parcela de un campesino pobre, sino también mucho más económico. En la India, es probable que una cajetilla de dos cigarros cueste más por cigarro que la normal de veinte unidades, pero reduce el precio de compra a un nivel accesible para un cliente sin mucho dinero. La accesibilidad es la consideración más importante en el acceso de los pequeños agricultores a tecnologías generadoras de ingresos. A continuación ofrezco algunas de las pautas que he descubierto para diseñar de manera económica.

1. *Somete las herramientas a una dieta radical de pérdida de peso.* El costo puede reducirse si se busca la forma de aminorar el peso. Un buen ejemplo de esto es un pequeño sistema de irrigación por goteo, en el que la mayor parte del peso está en los tubos de plástico. Nosotros redujimos peso y precio del tubo bajando en 80% la presión del sistema. Esto también nos permitió reducir en 80% el grosor de la pared y el peso del plástico, con la correspondiente baja en el precio.

2. *Vuelve redundante la redundancia.* Si a un ingeniero occidental se le pide diseñar un puente capaz de soportar una carga de diez toneladas, es probable que lo

construya con capacidad para soportar una carga de treinta, a fin de reducir el riesgo de una demanda si el puente se desplomara. Pero como en los países pobres los riesgos legales son mucho menores y la accesibilidad mucho más importante, un ingeniero que tiene que diseñar un tubo para agua con presión de diez libras por pulgada cuadrada (700 g/cm2) no se ve obligado a prever que las paredes sean tan gruesas para resistir una presión de treinta libras por pulgada cuadrada (2,100 g/cm2). Le bastará con un nivel de once o doce libras por pulgada cuadrada (750-800 g/cm2).

3. *Progresa diseñando hacia atrás.* A menudo, la manera más efectiva de optimizar la accesibilidad es retroceder en la historia que desembocó en la versión moderna de la tecnología en cuestión.

4. *Da vida al antiguo paquete con materiales de vanguardia.* Actualiza diseños anticuados con los nuevos materiales disponibles. En tanto no se comprometa la accesibilidad, todo se vale.

5. *Hazlo todo infinitamente ampliable, como los juegos de piezas desmontables.* Luego de la miniaturización y la accesibilidad, la ampliabilidad infinita es el tercer pilar del diseño económico. Si, para comenzar, un agricultor sólo se puede permitir un sistema de goteo para la treintaidosava parte de una hectárea, diséñalo de tal manera que pueda usar el ingreso generado por el sistema en duplicar o triplicar su tamaño al año siguiente.

Pasos prácticos del diseño para el otro noventa por ciento

He aquí algunos pasos básicos que por experiencia sé que pueden reducir en al menos 50% el precio de casi cualquier tecnología o herramienta de alto costo.

Fija un objetivo de precio específico. Para tener éxito, el producto o servicio que diseñes debe satisfacer un precio específico que los clientes pobres quieran y puedan pagar. Yo suelo fijar en principio un objetivo de precio de venta al público de la quinta parte del de un producto ya en venta. Puesto que en la India el precio de los tanques de agua de hormigón armado es de una rupia/litro en adelante, nosotros fijamos un objetivo de precio para el diseño de una unidad accesible de almacenamiento de agua en un quinto de rupia/litro.

Analiza lo que esta tecnología hace. Haz una lista de las funciones más importantes de esta tecnología para los clientes pobres que habrán de comprarla.

83

Identifica los factores clave del costo más relevantes. Identificar en orden de importancia los factores más relevantes del costo de la tecnología vigente sirve de guía para buscar opciones aceptables para los clientes pobres. Un relevante factor contribuyente del costo de los sistemas de aspersores es el grosor de la pared de los conductos de plástico que llevan agua a los aspersores. Bajar la presión del sistema permite usar tubos de paredes más delgadas.

Diseña respecto a los factores clave del costo más relevantes buscando compensaciones aceptables. Seleccionar compensaciones aceptables requiere un conocimiento detallado de la situación y necesidades del cliente. Los sistemas convencionales de irrigación por goteo implican una inversión significativa en un filtro de alta calidad para evitar que los emisores se tapen. Una opción aceptable para los pequeños agricultores es remplazar ese filtro por uno de bajo costo de tela de alambre cubierto con un trozo de tela. Los hijos del agricultor pueden lavar la tela con regularidad y destapar con un alfiler los agujeros obstruidos.

Las compensaciones clave para la accesibilidad son:

1. *Capital con trabajo.* En vista de que, en las áreas rurales, los pobres suelen disponer de mucha mano de obra y poco dinero, aprovecharán casi cualquier oportunidad de canjear costo de capital por trabajo. Como es más barato, algunos agricultores prefieren comprar un pequeño sistema de irrigación por goteo y desplazarlo de una hilera a otra. Es raro que los camioneros de Nepal inviertan en mantenimiento preventivo; por lo general les resulta más barato esperar a que una parte se descomponga, y dedicar unas horas a remplazarla a un lado del camino.

2. *Calidad vs. accesibilidad.* En Occidente los clientes esperan que una herramienta dure al menos siete años. Por ser más barato, los pequeños agricultores que compran bombas de pedal o sistemas de goteo suelen preferir un producto que dure dos años a uno que dure siete. Siempre escasos de efectivo, si lo desean pueden emplear el rendimiento neto anual de 300% de una bomba de pedal para comprar una bomba que dure siete años habiendo transcurrido los dos primeros.

Haz múltiples prototipos. El rápido proceso de elaboración de prototipos normal en despachos de diseño como IDEO se ajusta a la perfección al diseño para los pobres. Usar talleres rurales locales para producir prototipos es una ventaja, porque en ellos se incorporan soluciones a las limitaciones de materiales y fabricación de la eventual manufactura local de la tecnología.

84

Haz cambios a partir de las pruebas de campo. Inmediatamente después de la etapa de prueba del prototipo, verifica la nueva tecnología en al menos veinte microgranjas de condiciones diferentes. Luego interroga a fondo a los agricultores sobre lo que funcionó y lo que no, y modifica la tecnología de acuerdo con sus experiencias.

Haz adaptaciones a una tecnología si la llevas a un sitio nuevo. Malas noticias: al igual que los vinos de alta calidad, muchas tecnologías no resisten los viajes. La buena noticia es que los problemas de adaptación suelen ser fáciles de resolver. Por eso no deja de sorprenderme que alguien piense exportar tractores de Estados Unidos a África, o sistemas de goteo de bajo costo de la India a China, sin pasar primero por el proceso de prueba y adaptación basada en la experiencia, el cual es relativamente barato.

Muchos me comentan que los diseñadores no se ocupan de resolver los problemas del 90% de los clientes del mundo porque no hay dinero de por medio. Esto me parece sólo una aberración temporal.

Ahí estará el dinero

No ceso de preguntarme por qué 90% de los diseñadores del mundo trabajan exclusivamente en productos para el 10% más rico de sus clientes. Una vez le preguntaron al famoso ladrón Willie Sutton por qué robaba bancos.

"Porque ahí está el dinero", contestó.

Sospecho que mi pregunta sobre los diseñadores tiene exactamente la misma respuesta.

No me incomoda que haya gente que gane dinero diseñando productos para los ricos. Mi amigo Mike Keiser, sin otra preparación que su amor al golf y a la naturaleza, diseñó un campo de golf y centro recreativo —Bandon Dunes, en una sección espectacular de la costa de Oregon— que se convirtió muy pronto en el segundo destino de golf en Estados Unidos. Tal brillantez empresarial merece una recompensa.

Lo que me asombra es que el inmenso e inexplotado mercado que incluye a miles de millones de clientes pobres siga siendo ignorado por los diseñadores y las compañías en las que trabajan. En esto, sin embargo, siguen una firme tradición.

Si, antes de Henry Ford, se le hubiera preguntado a un fabricante de coches por qué sólo diseñaba autos grandes, costosos y por encargo para playboys, sospecho que su respuesta habría sido la de William Sutton: "Porque ahí está el dinero".

Pero ya no está ahí.

Antes de que Steve Jobs y Steve Wozniak lanzaran la computadora personal, si al director general de IBM se le hubiera preguntado por qué su compañía sólo fabricaba computadoras que costaban dos millones de dólares y ocupaban cuartos enteros, sin duda habría contestado: "Porque ahí está el dinero".

Pero, insisto, ya no está ahí.

Antes de la aparición de los radios de transistores y los *walkmans*, si se hubiese preguntado a los ejecutivos de la RCA por qué sólo hacían sistemas de alta fidelidad que costaban miles de dólares, también habrían respondido como William Sutton: "Porque ahí está el dinero".

Pero ya no está ahí.

Hoy podría preguntarse a los ejecutivos de Netafim, la compañía de irrigación por goteo más grande del mundo, por qué más de 95% de sus productos están dirigidos al 5% más rico de los agricultores del planeta, y ellos contestarían: "Porque ahí está el dinero".

Pero ponte a pensar. Si cada uno de los cien millones de pequeños agricultores alrededor del mundo comprara un sistema de goteo de 50 dólares para un octavo de hectárea —lo que representaría una inversión total de su parte de más de 5,000 millones de dólares—, la suma final ascendería a más de diez veces las ventas globales anuales de tales sistemas en la actualidad. Esos cien millones de agricultores pondrían bajo irrigación por goteo diez millones de hectáreas más, y multiplicarían por cinco la superficie global actual bajo ese tipo de riego.

Es loable que un reducido pero creciente número de diseñadores haya empezado ya a desarrollar productos accesibles con intención de mejorar la vida de los pobres en el mundo entero. Pero creo que el mejor y más sustentable motor del proceso del diseño económico es éste:

Porque ahí *estará* el dinero.

Una bomba de pedal riega un semillero.

De la subsistencia a los nuevos ingresos

Antes de que produjeran pepino y coliflor fuera de temporada, ¿qué cultivaban? —le pregunté a Bahadur.

—Arroz —contestó. Arroz, arroz y más arroz. Es lo que nos permite sobrevivir. Tenemos una parcela de arroz de temporal de media hectárea junto al río. Antes de que cultiváramos verduras fuera de temporada, por lo general teníamos una buena cosecha de arroz entre junio y septiembre, cuando llueve mucho, y la seguimos teniendo. Si logramos una buena cosecha, la guardamos, para tener suficiente que comer todo un año.

—¿Qué más cultivan? —continué.

—Garbanzo negro durante la temporada de lluvias, en nuestra media hectárea junto a la casa —respondió.

Yo ya sabía que el garbanzo negro es una legumbre que complementa las proteínas que la gente debe consumir, y que aporta nitrógeno a la tierra.

—¿Y qué más? —pregunté.

—Aquí es tradición cultivar verduras en la temporada de lluvias —contestó él. Nosotros sembramos calabaza redonda, calabaza amarga y frijoles. El precio baja tanto en la temporada de lluvias que, por lo general, no vale la pena vender verduras entonces, pero son muy buen alimento. A veces conseguimos buen precio por las calabazas, en especial si hay mala cosecha en la India y no llegan muchas de ahí.

"En otoño, cuando llueve un poco, también cultivamos chiles, cebollas y verduras como ésas, y también nos comemos la mayoría de ellas".

—¿Cuánto dinero ganaban al año en promedio? —inquirí.

Nunca hago esta pregunta hasta después de haber platicado un largo rato, porque puede ser delicada. Pero a menudo me las arreglo para lograr una conversación sincera sobre el tema de los ingresos, porque en ella me acompañan empleados de la IDE que viven en el área y que gozan de la confianza de los campesinos.

—Entre siete mil y quince mil rupias [100 a 200 dólares] —respondió Bahadur—, dependiendo de cuánto arroz vendiéramos y cuánto trabajo halláramos.

En pocas palabras, cuanto más trabajaban Bahadur y su familia, menos cambiaban las cosas para ellos. Todo lo que sabían sobre el campo parecía mantenerlos fijos en su sitio.

Producían los alimentos que necesitaban para sobrevivir, y el modo tradicional de hacerlo no sólo estaba profundamente arraigado en la cultura de su localidad, sino que también era recomendado por los agentes de extensión agrícola del gobierno que ocasionalmente veían. De hecho, casi todos los instructores de esos extensionistas se habían titulado en universidades occidentales, donde se les enseñó que lo mejor que los pequeños agricultores pueden hacer es producir arroz, trigo y maíz, para tener suficiente para comer. Este consejo ha sido la norma en la comunidad agrícola global.

"Si enseñamos a los pequeños agricultores a aumentar el rendimiento de sus cultivos alimenticios adoptando estrategias de la revolución verde", aseguran los planificadores de la comunidad agrícola global, "su vida mejorará drásticamente. Si ellos adoptan las variedades de arroz, trigo y maíz de alto rendimiento de la revolución verde, usan más fertilizante y aplican agua, producirán lo suficiente para alimentar a su familia, y les quedará algo para vender en el mercado."

"Esto no sólo incrementará la oferta local de alimentos en áreas con déficit de granos, sino que además permitirá a los agricultores pobres aumentar sus ingresos con la venta de su producción excedente", dicen estos expertos.

Pero este consejo ignora un dato básico. Aun en Occidente, donde la revolución verde impera, pocos agricultores con grandes superficies pueden ganar más de 200 dólares por media hectárea cultivando arroz, trigo o maíz. Doscientos dólares por media hectárea parecen excelentes si se siembran ochocientas hectáreas de maíz, pero ¿cuánto representan para una empresa agrícola familiar con apenas media hectárea? Lo cierto es que limitar la producción agrícola al cultivo de granos perpetúa la pobreza de los campesinos.

La revolución verde ha transformado la agricultura mundial. Hace cincuenta años, millones de personas en la India y China morían de hambre con regularidad. La revolución verde puso un alto a esto elevando drásticamente la oferta de alimentos, y China y la India son ahora exportadores netos de granos. Pero la revolución verde no acabó con la pobreza y el hambre, para consternación de sus optimistas planificadores. Trescientos millones de personas en la India y doscientos millones en China siguen siendo muy pobres, y la mayoría de ellas aún pasa hambre. Aumentar la oferta de alimentos en el mundo simplemente elimina un importante factor contribuyente del hambre. Pero la pobreza y el hambre sólo terminarán cuando los pobres que viven y trabajan en pequeñas empresas agrícolas de base hallen la manera de ganar dinero suficiente para comprar los alimentos que necesitan. El mercado buscará entonces el modo de hacérselos llegar. Cuando, en cambio, personas pobres y hambrientas son sometidas a una prolongada dependencia de la ayuda en caso de desastres, donativos de alimentos y sistemas gubernamentales de distribución de productos alimenticios, su hambre persiste.

Para obtener resultados inmediatos, fue lógico que la revolución verde se concentrara primero en grandes granjas de buenos suelos y acceso a irrigación en países con déficit de alimentos como la India. Pero para que las semillas de alto rendimiento obren su magia, la irrigación es esencial, y la tecnología de riego existente era demasiado grande para adecuarse a parcelas de media hectárea, y demasiado costosa para resultar accesible. Así, la mayoría de las microgranjas, donde se concentra la pobreza, quedaron sin irrigación, lo que limitó la adopción de semillas de alto rendimiento por parte de los pequeños agricultores, y muchos de los impactos positivos de la revolución verde en la oferta de alimentos y los empleos y salarios rurales fueron eclipsados por el rápido crecimiento de la población.

En 2005 se preguntó a Norman Borlaug, ganador de un premio Nobel por su notable contribución a la creación de la revolución verde, qué debían hacer los países ricos para reducir el hambre en el mundo. Borlaug respondió que debían enviar alimentos de emergencia, pero que la solución de largo alcance era revolucionar la producción de alimentos, en especial entre los pequeños agricultores de subsistencia de los países en desarrollo. Esto no sólo aumentaría la oferta de alimentos, sino que también generaría empleos y nuevos ingresos, derivados de la venta de los granos excedentes.[1]

La revolución verde del doctor Borlaug nos permitió cruzar a salvo el abismo malthusiano. Es difícil reñir con el éxito, y cuando una estrategia sirve, suele ser irresistible aplicar más de lo mismo. Pero es indudable que más de lo mismo no erradicará la pobreza en el campo, como no lo hizo en el pasado. Los agricultores de subsistencia a los que se refiere el doctor Borlaug deben competir hoy eficazmente en el mercado global. Para hacerlo, tienen que explotar su fortaleza. Y ésta no reside en que compitan con agricultores de trigo mecanizados y subsidiados en praderas de ochocientas hectáreas en Canadá tratando de producir trigo excedente en sus parcelas de media hectárea.

La única ventaja competitiva de los pequeños agricultores en el mercado es que, a entre cinco y diez centavos de dólar por hora, tienen el índice salarial más bajo del mundo. La forma más directa de terminar con la pobreza de los ochocientos millones de personas que viven con menos de un dólar al día es aumentar los ingresos que obtienen de sus parcelas de media hectárea. Los pequeños agricultores pueden lograr esto de modo más eficaz produciendo cultivos comerciales diversificados, intensivos en mano de obra y de alto valor.

Lo cual nos permite cerrar el círculo de Krishna Bahadur Thapa, y nos conduce al callejón sin salida en que él se vio al tratar de deducir cómo aumentar los ingresos que su familia y él obtenían de su parcela de una hectárea.

He aquí cómo encontró una solución.

De la subsistencia a nuevos ingresos en efectivo

—Si pudieras dejar de ser pobre ganando más en tu parcela —le pregunté a Bahadur—, ¿qué harías?

—No sé —fue su respuesta.

—Bueno, ¿qué haces ya para que tu parcela te produzca dinero? —inquirí.

–Vendo arroz —contestó.

"Cuando llega la cosecha de la estación de los monzones, por lo común tengo de mil doscientos a mil trescientos kilos de arroz. Necesito novecientos para alimentar a mi familia, así que vendo trescientos para cubrir los costos de semillas y fertilizantes para volver a plantar garbanzo negro y maíz en la siembra siguiente, y para tener algo de efectivo".

–¿Cuánto te produce esto? —pregunté.

–Tres mil quinientas rupias [unos 50 dólares] —respondió. En un año muy bueno, vendo más arroz, y quizá también un poco de maíz, y eso me rinde siete mil rupias.

"En la temporada de lluvias cultivamos jitomate, pepino y berenjena, pero todos los demás también lo hacen, así que el precio baja tanto que casi no vale la pena vender. Por lo tanto, la mayoría de las verduras que cultivamos en esa temporada nos las comemos, y vendemos un poco".

"Las verduras se venden al triple de su precio entre septiembre y mayo, porque el clima es entonces demasiado seco para que la mayoría las cultive, y no llegan tampoco de la India. Nosotros podríamos ganar mucho cultivando verduras en invierno, pero no podemos hacerlo porque no tenemos agua para riego".

–¿De qué otra manera obtienen dinero de su parcela? —proseguí.

–Bueno, en realidad no de la parcela. Mi hijo y yo buscamos trabajo en Mugling, en alguna de las casas de huéspedes durante el invierno, cuando no hay mucho que hacer en la granja.

"Si ahí no hallamos un empleo decoroso, tomamos el camión a Katmandú o a Pokhara en busca de trabajo. Si lo encontramos, el salario es un poco mejor, pero pagamos más por la comida. Tengo un tío en Katmandú que nos deja quedarnos con él. El problema es que a veces no hallamos trabajo en Katmandú, así que regresamos y probamos en Pokhara; pero para cuando encontramos trabajo en Pokhara ya hemos gastado mucho en pasajes y comida en Katmandú. Al final, por lo común obtenemos entre tres mil quinientas y seis mil rupias de los empleos".

Entre más hablaba con Bahadur, más comprendía que él se ganaba la vida operando una pequeña empresa de base, muy complicada por cierto. Esta empresa opera año tras año al filo de la sobrevivencia, aunque por algún motivo Bahadur y su familia siempre parecen salvar la situación, aun si un año de cada tres no siempre tienen suficiente para comer. Con saldos de efectivo negativos y reservas nulas, deben sortear inundaciones y sequías impredecibles y las enfermedades de la familia, con cientos de necesidades críticas que reclaman satisfacción con los pocos centavos disponibles. Toda noción de terminar el año con ganancias abundantes es un sueño imposible.

Examinemos con más detalle las cifras de la empresa familiar de base de Krishna Bahadur Thapa. Sus ingresos brutos anuales son de catorce mil rupias (200 dólares), por concepto de la venta de productos agrícolas excedentes y la percepción de salarios por parte de Bahadur y su hijo. Los gastos en semillas, fertilizante y plaguicidas, así como en viajes, alojamiento y comida para obtener ingresos salariales, suman un total de tres mil quinientas rupias, lo que deja a la empresa con ingresos netos de diez mil quinientas rupias (150 dólares). Pero los gastos de sobrevivencia de la familia en alimentos, ropa y techo también se extraen del flujo de ingresos de la empresa familiar. Los desafíos económicos no se distribuyen de modo uniforme a lo largo del año; tanto los ingresos como los egresos suelen ocurrir en grandes sumas. Hay una abultada suma de egresos en la temporada de siembra de arroz, para pagar la preparación del terreno, semillas y fertilizante, y una posible gran suma de ingresos en la época de cosecha de arroz. Así, Bahadur y su familia enfrentan decisiones críticas en estos importantes momentos de ingresos y egresos de su empresa.

En la temporada de siembra de arroz, tienen que decidir si optar por la variedad local tradicional, que sabe mejor pero rinde menos, o por una de las variedades de alto rendimiento, que requieren una inversión inicial mucho mayor en semillas y fertilizante y que podrían rendir 50% más, pero que llevan aparejado el riesgo de una pérdida desastrosa en caso de inundación o plaga inesperada. Si Bahadur y su familia piden crédito a un prestamista para pagar los insumos requeridos para cultivar variedades de arroz de alto rendimiento, podrían tener que pagar intereses de 80% al cabo de cinco meses; pero si la cosecha fracasa, ¿cómo reembolsarán ese dinero? Si Bahadur tiene la mala suerte de contraer pulmonía durante la siembra de arroz, ¿cuánto debería invertir su familia en medicinas y cuánto en la siembra? Para tener posibilidades de sobrevivir, Bahadur y su familia deben desplegar notables habilidades en la administración de una empresa en perpetua crisis de liquidez. Con objeto de sobrevivir, han aprendido que la mejor opción suele ser gastar lo menos posible y evitar riesgos a toda costa.

Bahadur y su familia se inclinan casi siempre por jugar a la segura, aunque comprenden a la perfección los beneficios de decisiones como sembrar arroz de alto valor. Pero sus decisiones están motivadas por su crónica escasez de capital, y por el hecho de que sencillamente no pueden permitirse perder. Si yo compro acciones de poco valor en Denver, Colorado, y resulta que pierden todo su valor, me quejaré a más no poder. Pero si Bahadur invierte más dinero del que puede perder en algo como preferir variedades de arroz de alto rendimiento, y luego una inundación imprevista arrasa con su cultivo, podría sentenciar a muerte a su familia. Si él y los suyos no pueden pagar al prestamista del pueblo y pierden su granja, podrían terminar mendigando en las aceras de Katmandú, y sus posibilidades de sobrevivir podrían ser mucho peores entonces que en su microgranja de montaña. Por buenas razones, cuando pequeñas empresas agrícolas como la de Bahadur y su familia toman decisiones, son sumamente reacias al riesgo.

Ochocientos millones de las personas que viven con un dólar al día obtienen hoy sus ingresos primarios, como Bahadur y su familia, de microempresas agrícolas de base. La mayoría de ellas poseen pequeñas parcelas, y algunas se ganan la vida como peones agrícolas principalmente. Su vía más directa para salir de la pobreza es aumentar los ingresos netos que derivan de las pequeñas empresas agrícolas de base en las que viven y trabajan.

Otros trescientos millones de personas que ganan un dólar diario viven en barriadas o aceras urbanas. La mayoría llegó a la ciudad buscando trabajo, y se gana la vida en una increíble variedad de empresas de base, que van de fábricas de alfarería a talleres de costura de prendas de vestir, curtidurías y fábricas de dulces. Hay tantas oportunidades de aprovechar el bajo índice salarial de los habitantes de las barriadas en la elaboración de los productos comercializables, intensivos en mano de obra y de alto valor de las empresas de base urbanas como las hay para aumentar los ingresos de los pequeños agricultores produciendo y vendiendo cultivos comerciales, intensivos en mano de obra y de alto valor. Pero los pobres de las ciudades tienen una gran ventaja. Puesto que viven hacinados, los problemas de distribución y agregación tanto de insumos como de bienes comercializables son menores para ellos que para las pequeñas parcelas dispersas y aisladas de sus iguales en el campo.

Los tipos de empresas de sobrevivencia de base que ofrecen las mejores oportunidades para quienes ganan un dólar diario y viven y trabajan en áreas rurales pobres y en barriadas urbanas no son nuevos. Han abierto el camino para la superviviencia de poblaciones marginadas a todo lo largo de la historia.

Breve historia de las empresas de base

Los mercados de base están presentes en todos lados, y empresarios de todas las formas y tamaños son los que mueven sus hilos. En Auschwitz, un médico judío cambió unos cigarros por un pequeño alambique sustraído de las pilas de pertenencias de las carretadas de personas sacrificadas en las cámaras de gas. Este médico se jugó la vida al convencer a guardias de las ss que le permitieran utilizar un costal de papas. Con su pequeño alambique producía un tosco aguardiente que los guardias consumían en sus borracheras. A cambio, ellos le cedían el puré sobrante, que al freír él convertía en deliciosas y tonificantes croquetas. Compartía algunas con su círculo íntimo de amigos, y cambiaba el resto por cigarros, los cuales servían como dinero en los mercados de los campos.

Apenas días después de la instalación de un nuevo campamento de refugiados en Somalia en 1981, las mujeres comenzaron a hacer trueques de alimentos y baratijas, que exhibían en el suelo, bordeado de guijarros blanqueados, frente a sus chozas de adobe y carrizos en forma de iglú. Científicos desempleados vendían relojes y utensilios para el hogar en los mercados callejeros surgidos tras el desplome económico de la Unión Soviética. Florecientes mercados de dinero y trueque existen en todas las cárceles de Estados Unidos, en las que los reclusos, y a veces los guardias, participan en un dinámico mercado de drogas.

Como psiquiatra, me sorprendió saber que Willie, un esquizofrénico crónico que durante veinte años había vivido en los pabellones del fondo del hospital de Dingleton, en la frontera inglesa con Escocia, juntaba pelotas de golf situándose al pie de un cerro que lo ocultaba de la vista de las parejas que daban el golpe inicial en el primer hoyo. Estos golfistas experimentaban una frecuencia de pelotas perdidas misteriosamente alta, la cual no parecía aquejarles en el resto del campo. Willie cambiaba las pelotas por tostadores y cafeteras eléctricas descompuestos, que tenía una notable aptitud para arreglar y vender en la ciudad de Melrose.

Si Willie, un esquizofrénico marginado, participa activamente en mercados, lo mismo que los presos de campos de concentración, los reclusos en cárceles y los refugiados de campamentos, ¿por qué habría de sorprender que pequeños agricultores de Etiopía o Myanmar o habitantes de barriadas urbanas también se ganen la vida en mercados? En circunstancias que imponen una lucha diaria por la supervivencia, quienes no aprenden pronto a operar como empresarios de sobrevivencia usualmente no prosperan. Si son pequeños agricultores, perderán su terreno a manos del prestamista del pueblo y migrarán a barriadas urbanas, donde las cosas casi siempre son peores. Si no pueden conseguir empleo en la ciudad, ni siquiera limpiando baños, se pondrán a mendigar en las banquetas; pero tener éxito como mendigo implica una enorme habilidad, y quienes no la tienen enferman y mueren.

Pese a todo, hay un lado optimista en esta deprimente espiral descendente. Los habitantes de barriadas y los agricultores de media hectárea tienen el índice salarial más bajo del mundo, y existen vastas y desaprovechadas oportunidades de mercado para que sus empresas de base crezcan y prosperen.

Mohamed Yunus y la revolución del microcrédito que él ha vigorizado han puesto de manifiesto que el acceso al crédito puede ser una herramienta positiva muy eficaz. Pero en cualquier ramo, el acceso a crédito es sólo uno entre muchos otros factores críticos.

Para tener éxito, las empresas de base deben poder aplicar las mismas prácticas de negocios, de eficacia comprobada, de IBM, Toyota o un cine de barrio. Deben identificar un producto o servicio que los clientes estén dispuestos a pagar, que ellas estén excepcionalmente calificadas para suministrar y que puedan ofrecer a un precio atractivo para los clientes. Deben reunir el capital que necesitan para triunfar y, sobre todo, deben planear y poner en práctica una estrategia de mercadotecnia y distribución sumamente efectiva. Al final de todo esto, tienen que presentar ganancias atractivas.

No hay ningún misterio en estos principios. Alguna versión de ellos se aplica a todas las empresas de éxito. Pero aplicarlos a una empresa con ingresos brutos de 200 dólares, no de ochocientos millones o más, requiere un cambio radical en la teoría y la práctica comparable a la diferencia entre fijar un clavo en una tabla con un martillo y disponer una pared prefabricada de cien toneladas en un rascacielos con una grúa. Aumentar los ingresos de las empresas de base supone una comprensión detallada de las fortalezas y debilidades de quienes las operan, y de los mercados en los que operan. Cuando se consideran todas las empresas en las que los muy pobres se ganan la vida, las más comunes son las microgranjas de los países pobres, como la que operan Bahadur y su familia.

Cada miembro de la familia de Bahadur quiere y puede trabajar intensamente con el único propósito de sobrevivir. Su empresa familiar está crónicamente escasa de efectivo. Su índice salarial real se ubica entre los cinco y diez centavos de dólar por hora. Poseen

95

una hectárea de terrenos dispersos. No controlan el agua para sus cultivos, pero tienen una estación de monzones en la que llueve más de lo necesario. El único problema es que en esa estación, durante la que pueden cultivar productos para su venta, todos los demás lo hacen también, y los precios de mercado bajan tanto que Bahadur y su familia no ganan nada vendiendo. Pero comen bien en ese periodo.

La solución para Bahadur y su familia fue simple. Con la ayuda de la IDE y Helvetas, organización suiza de desarrollo, tuvieron acceso a una reducida pero confiable cantidad de agua de riego para el invierno. Debieron cambiar su manera de ver la agricultura y aprender métodos de horticultura intensiva para producir coliflores y pepinos en invierno, fuera de temporada. Encontraron mayoristas que comprarían sus cultivos a un precio atractivo en la vecina ciudad de Mugling, y comerciantes dispuestos a venderlos en el valle de Katmandú. En menos de dos años, la familia de Bahadur aumentó sus ingresos anuales netos en treinta y cinco mil rupias (500 dólares), y salió efectivamente de la pobreza, incorporándose a la clase media. Cómo lo consiguió es quizá la parte más interesante de esta historia.

Pequeña agricultora de Camboya

Mujer camboyana en el pedal

Irrigación accesible de pequeñas parcelas

Cuando Krishna Bahadur Thapa supo que su tío que vivía cerca de Pokhara había triplicado sus ingresos instalando un sistema de irrigación por goteo de bajo costo de la IDE, fue a conocer ese sistema. Los tubos de irrigación por goteo estaban acoplados a un grifo comunal cuya agua procedía de un manantial a dos kilómetros de distancia. El comité de usuarios de agua de la comunidad había dado permiso al tío de Bahadur para usar parte de la capacidad de reserva de agua del sistema.

Bahadur se dio cuenta al instante de que podía hacer lo mismo en su casa. El agua potable de que disponían doce familias en Ekle Phant había sido introducida por Helvetas, organización suiza de desarrollo. En 1999, empleando tubos de media pulgada, esa organización había provisto a cada una de tales familias de una fuente de agua permanente, en servicio las veinticuatro horas del día. Esta provisión era muy superior a la que esas familias necesitaban para satisfacer sus necesidades domésticas, aunque no bastaba para regar sus cultivos anegando los campos. Aun así, era más que suficiente para producir algunas verduras si se usaba un sistema de goteo. Bahadur se percató de que podía añadir un sistema de irrigación por goteo al suministro de agua que ya poseía.

Mientras conversábamos, Bahadur y yo fuimos a examinar más de cerca su sistema de goteo. El agua corría directamente del tubo de media pulgada a una tina azul de plástico de cincuenta litros montada en una plataforma de madera a la altura del hombro, actuando así como tanque por gravedad del sistema. Pasaba después por un filtro negro de plástico del tamaño de un puño hacia un tubo de plástico blando de un verde muy vivo y con diámetro de tres octavos de pulgada, que se dividía en tres conductos laterales de quince metros, puestos en el suelo junto a una hilera de plantas. Cada treinta centímetros, de un agujerito con desviadores goteaba agua justo sobre un sarmiento de pepino, la cual se filtraba rápidamente en la tierra hasta las raíces de la planta.

Durante nuestra charla, Bahadur interrumpía de vez en cuando su plática para señalar cerro arriba el gran tanque del que salía su tubo de agua de media pulgada, así que, desde luego, nada en el mundo habría podido impedirme subir a verlo. Tras una caminata de quince minutos por un sendero que serpenteaba monte arriba a través de un denso follaje, llegamos a un tanque de agua cerrado de cemento con capacidad para catorce mil litros, a trescientos cincuenta metros de las casas de los lugareños y a veinte de altura vertical sobre ellas. El agua se tomaba de un arroyo de un metro de ancho y quince centímetros de hondo, e iba a dar a un pequeño depósito obstruido, desde donde pasaba por un filtro simple hacia un tubo de plástico de dos pulgadas y media que iba a dar al tanque de cemento. Helvetas había provisto el cemento, tubos y materiales del sistema, y los lugareños el trabajo para instalarlo. Todos convinieron en someter su funcionamiento a la supervisión de un comité de usuarios de agua copresidido por Bahadur.

Rodeé el tanque y lo filmé. Me sorprendió descubrir que cada familia contaba hasta su casa con un tubo de polietileno de alta densidad (High-Density Polyethylene, HDPE) negro y de media pulgada, en contraste con la estrategia, más económica, de tender un tubo grande hasta el pueblo y dividirlo después. Bahadur me explicó que cada hogar había preferido cerciorarse de la operación permanente de su conducto.

Un cálculo aproximado indicó que este sistema había costado unos 2,500 dólares, los cuales habrían podido financiarse fácilmente con un préstamo en vez del donativo de Helvetas, pues las verduras fuera de temporada habrían rendido ingresos más que suficientes para pagar el crédito e intereses en tres años. Pero cuando se le construyó, este sistema era sólo de agua potable, y, sin una fuente de ingresos nuevos, sus usuarios únicamente podían cubrir sus costos de operación.

Cuando bajamos del cerro para tomar otra taza de té, Bahadur nos dijo que su familia y él fueron los primeros en instalar un sistema de goteo de bajo costo en Ekle Phant. El primer año sembraron pepino y coliflor en un treintaidosavo de hectárea, que regaron por goteo en invierno, fuera de temporada, y que les produjeron 150 dólares netos. Esto les dio aliento suficiente para continuar. Nunca miraron atrás.

Aunque el pequeño sistema de irrigación por goteo que vimos en la granja de Bahadur era aparentemente simple, habíamos tardado en desarrollarlo seis años, a fuerza de prueba y error.[1] El reto principal fue reducir en cuatro quintas partes el precio de los sistemas de goteo convencionales, con calidad suficiente para satisfacer a los campesinos.

Esta idea se me ocurrió luego de que el señor Upadhiya, el dinámico y creativo director ejecutivo del Agricultural Development Bank of Nepal (ADBN), me deleitó dos años con historias sobre el éxito notable de los pequeños sistemas de aspersores alimentados por gravedad que ese banco promovía en las montañas de Nepal. Así que en 1990, al pasar por Tanzen, donde se instalaron varios de esos sistemas, llegamos sin anunciarnos a la sucursal del ADBN y convencimos a un empleado de que, previo trayecto de media hora en automóvil y de cuatro horas a pie por veredas empinadas, nos llevara a tres pueblos en los que se utilizaban dichos sistemas.

Cuando llegamos al primero de ellos, los campesinos nos informaron que sus sistemas de aspersores costaban 1,000 dólares, surtían a tres agricultores y regaban un total de media hectárea de frutas y verduras. Al instante supe que ese precio era muy alto, lo que volvía inaccesible al sistema para la mayoría de los agricultores que ganaban un dólar diario, aun cuando el banco aportara un subsidio de 50%. (En cambio, los sistemas de aspersores que IDE India diseñó quince años después costaban 200 dólares por media hectárea.) Me dio curiosidad entonces conocer los factores más relevantes del costo de los sistemas de aspersores del ADBN.

El primer sistema de aspersores que visitamos captaba agua de un arroyuelo durante la noche para llenar un tanque de piedra y cemento de diez mil litros con un costo de 350 dólares. Eso bastaba para regar tres parcelas a primera hora de la mañana. El agua del tanque pasaba por un filtro hacia un tubo blanco de PVC duro de pulgada y media y doscientos metros de largo hasta arribar a los tres campos, desde donde llegaba a los cultivos por medio de cabezas aspersoras oscilatorias tipo Rainbird montadas en bases de metal móviles. Nueve bases y cabezas aspersoras costaban 150 dólares. El hecho de que el tanque tuviera que estar a dieciocho metros en vertical sobre el campo a fin de generar presión suficiente para activar los aspersores imponía un sistema de tubería larga, importante factor contribuyente del costo.

El reto inmediato era diseñar un sistema que hiciera lo mismo a un cuarto del costo. Lo primero que se me ocurrió fue tomar un tubo negro económico de HDPE, abrirle hoyos con clavo y martillo y permitir que el agua escurriera por ellos. Un tanque pequeño por gravedad a sesenta o cien centímetros sobre el campo brindaría suficiente presión para operar este sistema de goteo. Aún conservo el primer diagrama que dibujé en mi inmensa computadora Mac: un bidón de doscientos litros en el arroyo, un filtro chico de tela de alambre y un tubo negro de HDPE de quince metros hasta el campo, donde se dividía en tres tubos con agujeros para que el agua goteara sobre las plantas. Claro que en ese entonces yo sabía poco o nada de irrigación por goteo, pero la idea parecía suficientemente razonable.

Nos llevó seis años y cientos de pruebas de campo formular el sistema simple, pequeño y barato que Krishna Bahadur Thapa utilizaba. Ésta era la última de una serie de cinco generaciones de sistemas de goteo de bajo costo y cientos de pruebas de campo.[2]

A la luz de la crisis de escasez de agua en muchas partes del mundo y del hecho de que 70% del agua que se destina al uso humano es para riego, sorprende que la irrigación por goteo represente apenas 1% de la superficie global irrigada, pues se trata tal vez de la forma más eficiente de dotar de agua a plantas. La irrigación por goteo convencional está diseñada para granjas grandes, y su costo por media hectárea es cinco veces mayor que el que Bahadur pagó. Los predios en que hoy se emplea la irrigación por goteo son huertos de almendros de cuatrocientas hectáreas en California o viñedos de doscientas hectáreas en Francia, en los que módulos de cómputo reciben datos de satélites meteorológicos y sensores de humedad del suelo para controlar el monto de agua por aplicar. Estas grandes granjas son muy distintas a los cuatrocientos ochenta y cinco millones de granjas en el mundo entero de menos de dos hectáreas.

Por increíble que parezca, ninguna de las compañías de irrigación por goteo más importantes del mundo ha diseñado sistemas de goteo pequeños y baratos para la mayoría de los agricultores del orbe, aunque el mercado potencial opaca a la demanda de los sistemas

101

convencionales. En la década de los noventa Nepal carecía de mercado de irrigación por goteo, porque había muy pocas granjas grandes y ricas, únicas que podían permitírselo. En cambio, cincuenta compañías privadas ya fabricaban y comercializaban irrigación por goteo en la India, donde muchas granjas de grandes dimensiones producían cultivos de alto valor como uvas, naranjas y verduras. Yo pasé unos días en Jain Irrigation, en Maharastra, la compañía de irrigación por goteo más grande de la India. Pregunté entonces a su distribuidor de mayor volumen de qué tamaño era el sistema más chico que había instalado el año anterior.

–De una hectárea —respondió.

Téngase en mente que, en ese tiempo, la granja promedio en la India era de hectárea y media, por lo general dividida en parcelas rara vez mayores de un cuarto de hectárea, así que es obvio que pocos de los noventa y tres millones de granjas de ese país menores de dos hectáreas recibían llamadas de ventas de los distribuidores de Jain Irrigation. Los realmente pobres agricultores de media hectárea no aparecían siquiera en el radar de los distribuidores.

En virtud de que en Nepal no había mercado de irrigación por goteo y de que el de la India seguía ignorando a los pequeños agricultores, decidimos crear uno de bajo costo dirigido a parcelas chicas. Cuando Bahadur estuvo en condiciones de comprar un sistema de goteo de bajo costo, la IDE ya había convencido a varios empresarios nepaleses con eyectores de plásticos de fabricar los componentes clave de ese sistema, que montadores en lugares estratégicos de los pueblos ensamblarían y venderían. Capacitamos a campesinos locales para que trabajaran de medio tiempo como instaladores. Bahadur adquirió su sistema con un distribuidor local, y recibió un poco de capacitación para producir verduras de un agrónomo local de la IDE.

Una vez que los sistemas de goteo de bajo costo se popularizaron entre los pequeños agricultores de montaña en Nepal, la IDE los lanzó entre los productores de moreras de la industria de la seda del sur de la India, y los modificó para ajustarlos a las condiciones específicas de la región. Desde 2002, la venta de sistemas de goteo de bajo costo a agricultores tanto de pequeñas parcelas como de extensiones mayores ha sido tan intensa que otras compañías participan ya en el mercado de bajo costo, en competencia con los sistemas de la IDE. Calculo que, tan sólo en la India, el mercado potencial de irrigación por goteo de bajo costo consta de al menos cinco millones de sistemas.

En el mundo hay cientos de millones de campesinos como Bahadur que sobreviven apenas en lotes áridos y pequeños. La gran mayoría de ellos podrían aumentar drásticamente sus ingresos produciendo y vendiendo cultivos comerciales, intensivos en mano de obra y de alto valor, como lo hizo Bahadur. ¿Qué se lo impide?

Lo primero, y más importante, que se interpone en su camino es que la mayoría de estos agricultores, no teniendo modo de aplicar agua a sus cultivos, dependen de la lluvia. Esto suele significar que en la temporada de lluvias pueden producir alimentos de autoconsumo. Y también cultivos comerciales como verduras; pero como todos lo hacen, el precio baja tanto que con frecuencia no vale la pena vender. Para ganar dinero hay que producir cultivos comerciales fuera de temporada, cuando los precios suben mucho; pero esto no puede hacerse sin riego, y las herramientas de irrigación disponibles son demasiado grandes y costosas para adecuarse a las parcelas pequeñas. A fin de aumentar sus ingresos como Bahadur, los campesinos necesitan acceso a irrigación de bajo costo para microgranjas.

Ahora bien, ¿por qué no hay irrigación de bajo costo para microgranjas?

Una experiencia que tuve en Mozambique contribuye en gran medida a responder esta pregunta. Al visitar los mercados de verduras de Maputo, la capital, vi que eran grandísimos. Adopté así la costumbre de calcular el espacio de exhibición asignado a las diferentes frutas y verduras, y había hileras interminables de jitomates, papas, lechugas, coles, chiles, cebollas… casi todo lo que se pudiera desear. Pero cuando preguntaba a los vendedores de dónde procedía cada verdura, recibía una respuesta deprimentemente uniforme: de Sudáfrica. Estos productos se transportaban en camiones, en un viaje que duraba cinco horas por carreteras decentes desde Sudáfrica; en la frontera se les pasaba a camiones de Mozambique, y se les vendía en la capital para satisfacer la creciente demanda de verduras.

Esto me desconcertó, porque creí que había buenas tierras, y hasta riego, a menos de dos horas de Maputo, por caminos accidentados. Así que hablé con los expertos en agricultura e irrigación de esa ciudad. Un expatriado con doctorado en irrigación, autor de numerosas publicaciones, me dijo en términos inequívocos que no había irrigación alguna cerca de Maputo. Salí de su oficina, tomé un taxi y le pregunté al chofer si alrededor de la capital había algún sistema de riego en operación.

–Claro que sí, señor —contestó—; ¿quiere que lo lleve?

–¿Qué tan lejos está? —inquirí.

–A unos quince minutos. Junto a la fábrica de cerveza.

En doce minutos llegamos a un área verde, de doscientas hectáreas, rebosante de verduras, y yo bajé y la filmé. Estimo que eran unas ochocientas parcelas, en su mayoría activas como colmenares. Un riachuelo corría junto a esta área de producción de verduras, y uno de los previos gobiernos socialistas había erigido una estación que bombeaba agua en dirección a pequeñas cisternas abiertas de superficie, hechas de cemento, de setenta y cinco centímetros de hondo y dos metros por lado. La mayoría de esas granjas de pequeñas parcelas tenían una cisterna de ese tipo, que el sistema de bombeo mantenía llena.

Los agricultores tomaban dos regaderillas, las llenaban sumergiéndolas en los tanques y las cargaban, una en cada mano, hasta sus solares, para rociar sus verduras. Luego regresaban por más agua. Algunos usaban hombreras de madera, que facilitaban la carga. Familias sin cisterna llevaban agua directamente desde el río, aunque esto significara un recorrido más largo. Cultivaban cebollas, jitomates y toda clase de verduras, pero al parecer vendían sus productos en pequeños mercados de barrio, no en los grandes que yo había visitado. Impresionado, intenté calcular el costo de construcción de un millar de sistemas como ése, y el costo relativo de abastecerlos con alimentación por gravedad.

103

Más tarde volví a la oficina del experto en irrigación.

–Usted me aseguró que no había irrigación cerca de Maputo —le dije, con un dejo de indignación en la voz.

–Así es —confirmó.

–Pues acabo de visitar doscientas hectáreas irrigadas a quince minutos de aquí —declaré.

–¿Dónde fue eso? —preguntó.

–Junto a la cervecera.

–Ah, sí, estoy al tanto de esos campos de verduras —dijo. Pero eso no es irrigación.

–¿Por qué no? —inquirí.

–Porque se usan cubetas —respondió, dando por terminada nuestra conversación.

–¡Creí que regar consistía en dotar de agua a las plantas! —dije.

Peor aún que el hecho de que esta conversación haya tenido lugar es el de que la actitud de ese individuo es endémica entre los expertos oficiales en irrigación y los líderes de las instituciones de desarrollo.

A partir de 1995, Gez Cornish —de la respetada consultoría inglesa del agua HR Wallingford— y su equipo llevaron a cabo un estudio de tres años sobre irrigación informal con cubetas para las verduras destinadas a la ciudad de Kumasi, Ghana (con una población de setecientos mil habitantes). Este estudio concluyó que al menos doce mil setecientos hogares cultivaban verduras para Kumasi, y que éstas proveían la mayor parte de los ingresos anuales de tales familias. Asimismo, que en torno a esa ciudad se regaban con métodos informales al menos once mil novecientas hectáreas.[3]

Sin embargo, cuando la Organización de las Naciones Unidas para la Agricultura y la Alimentación (Food and Agriculture Organization, FAO, con sede en Roma) presentó su reporte formal sobre irrigación en Ghana, luego aceptado como evangelio por el gobierno de ese país, ¡listó un total de apenas *seis mil cuatrocientas* hectáreas regadas en toda la nación! Esto equivalía a casi la mitad de la superficie bajo riego con cubetas en una sola ciudad de Ghana. ¿Suena conocido? Para los expertos de Ghana, no menos que para el experto en irrigación con el que hablé en Mozambique, el riego con cubetas sencillamente no existía. Qué lástima que ésta sea la idea dominante en el ámbito de la irrigación.

Pero lo cierto es que los funcionarios gubernamentales de Bangladesh exhiben esa misma actitud hacia los *rickshaws* (especie de bicitaxis): los ven como un medio de transporte primitivo, atrasado y vergonzoso en un momento en que ese país intenta presentarse ante el mundo como una nación moderna, y pese a que esos modestos vehículos transporten en un día más cargamento y personas que el metro de Londres.[4]

¿Por qué el mundo sigue cerrando los ojos a la realidad tanto de los solares de media hectárea como de la irrigación de pequeñas parcelas? Porque las granjas de subsistencia y la irrigación con cubetas que se acostumbra en ellas se consideran atrasadas y primitivas, listas para ser remplazadas por la agricultura y la irrigación modernas.

Nadie sabe al parecer cuántas personas riegan con cubetas en África, China o Vietnam, aunque yo he visto hacerlo a miles con mis propios ojos. Sobre este asunto no existen estadísticas oficiales. He aquí entonces una estimación extraoficial. Pregunté a diez individuos que han viajado mucho por áreas rurales cuántos agricultores de cubeta creían que había en África. El cálculo más bajo fue de ocho millones.

Pequeños agricultores del mundo entero me han dicho sistemáticamente que lo que más necesitan para salir de la pobreza es agua para sus cultivos. Yo convertí el diseño y comercialización masiva de herramientas accesibles de irrigación de pequeñas parcelas en el primer foco de atención de la IDE cuando la fundé en 1981.

Acceso a agua

Cuando le digo a la gente que lo que más necesitan los pequeños agricultores para salir de la pobreza es acceso a irrigación de bajo costo para microgranjas, suele comentarme que libro una batalla perdida. La mayoría de los campesinos pobres simplemente no tienen acceso a agua.

"No es cierto", replico. "Todos en el mundo tenemos acceso a agua. Quienes no lo tienen mueren en menos de cinco días. Todo aquel que respira en este mundo tiene acceso a agua. Puede ser agua contaminada, o llena de bacterias. Pero sin una fuente de agua para beber, moriríamos".

"Para comenzar a regar, basta con un extra de dos cubetas de agua al día de la misma fuente de la que se obtiene agua potable. Esto es suficiente para cultivar un huerto pequeño con un instrumental de goteo de tres dólares, y para ganar nueve dólares vendiendo las verduras excedentes".

"Claro que en algunos sitios el agua escasea tanto que toda debe usarse para beber. Pero si una familia dispone de dos cubetas extra al día para destinarlas a plantas generadoras de ingresos, tiene la oportunidad de ponerse a regar."

Hay muchas otras oportunidades sin explotar para que los pequeños agricultores tengan acceso a una fuente de agua de riego.

De hecho, existen medios prácticos de atacar el problema del acceso a agua para microgranjas. En orden de importancia por su tamaño, las herramientas de irrigación pueden clasificarse en tecnologías de extracción, almacenamiento y distribución de agua.

Extracción de agua

Algunos sistemas de riego almacenan, detrás de grandes diques, agua de lluvia de la estación de los monzones, y la liberan para que fluya por gravedad en canales hasta los campos, evitando así la necesidad de extraerla. El agua subterránea ha sido una fuente de agua de riego cada vez más importante, y en grandes sistemas de irrigación enormes moto-

105

res eléctricos o de diesel propulsan bombas que sacan agua del subsuelo, para conducirla después hasta las plantas en formas muy diversas.

Pero en los cuatrocientos ochenta y cinco millones de parcelas en el mundo entero de menos de dos hectáreas, casi toda el agua subterránea que se saca a la superficie se extrae mediante trabajo manual del agricultor. Algunos usan una cubeta atada a una cuerda. Otros, una cubeta suspendida de una barra horizontal con una pesa en el otro extremo como balancín, para igualar el trabajo de subir y bajar la cubeta. Otros más se sirven de un buey que tira de una bolsa de cien litros amarrada a una cuerda que pasa por un torno hasta el agua en un pozo abierto.

Las cubetas, cubetas con balancín, regaderillas y cestas oscilantes son baratas, pero requieren mucha fuerza muscular. Claro que ésta es una fuente renovable de energía.

Hasta el diseño y comercialización masiva de las bombas de pedal, eran pocas las herramientas que los pequeños agricultores podían usar para extraer agua, entre los extremos de una cubeta, barata y demasiado pequeña, y una bomba de diesel de cinco caballos de fuerza, costosa y demasiado grande. Un hombre sano necesita un día para extraer con soga y cubeta suficiente agua para regar un dieciseisavo de hectárea, y dos días más para llevarla en regaderillas hasta sus cultivos. Si tiene dinero suficiente para pagar 500 dólares por una bomba de diesel de cinco caballos de fuerza y dispone de 200 dólares al año para diesel y reparaciones en favor de su operación permanente, puede mantener regadas dos hectáreas de verduras sin muchas complicaciones. Pero esto es difícil de lograr cuando se tienen ingresos totales de 300 dólares al año.

Bombas de pedal

En la década de los ochenta, Gunnar Barnes, ingeniero noruego que trabajaba para el Rangpur Dinajpur Rural Service (RDRS), organización de desarrollo rural en el norte de Bangladesh patrocinada por el Lutheran World Service, diseñó la bomba de pedal, dispositivo de extracción de agua movido por fuerza humana que un pequeño agricultor podía comprar a cambio de un costal de arroz. El operador pisa dos pedales de bambú, cada uno de los cuales activa un cilindro de dos pulgadas y media que succiona agua de un pozo tubular de dos a siete y medio metros de hondo. Puesto que en casi todo Bangladesh el agua subterránea es superficial, pueden usarse bombas de pedal para extraer agua en invierno, durante la temporada de secas. Este artefacto cuesta ocho dólares, y el costo total de una bomba instalada en un pozo tubular por un perforador rural es de 25 dólares. Con esta inversión y dos a seis horas de trabajo al día, una familia bengalí podía regar un cuarto de hectárea de verduras en temporada de secas, y ganar al menos 100 dólares netos al año en promedio. Lo mejor es que la quinta parte de los pequeños agricultores, dotados de gran habilidad comercial, por lo regular obtenían nuevos ingresos netos de más de 500 dólares al año.

106

La IDE trabajó con Gunnar Barnes y el RDRS para asumir la mercadotecnia y promoción nacional de las bombas de pedal a través del sector privado, lo que doce años después había rendido impactos muy positivos.

Inversión de benefactores en la iniciativa de BP	12	millones de dólares
Inversión de pequeños agricultores en BP	37.5	millones de dólares
Rendimiento neto anual de la inversión de pequeños agricultores	150	millones de dólares

Tabla 1. Impacto de las bombas de pedal (BP) en Bangladesh

Estos impactos no se redujeron a Bangladesh. Por medio de empresas privadas, la IDE lanzó las bombas de pedal a un precio no subsidiado en la India, Nepal, Camboya, Myanmar y Zambia, y muchas otras organizaciones también aceptaron el reto. KickStart, con sede en Kenia, llevó a este último país bombas de pedal desde Bangladesh, las rediseñó para su uso local y vendió unas setenta mil en Kenia y Tanzania. Enterprise Works Worlwide, otra organización de desarrollo, hizo y comercializó bombas de pedal en naciones del oeste de África como Níger.

Estos 2.25 millones de bombas generan más de 200 millones de dólares de nuevos ingresos anuales netos para pequeños agricultores que antes vivían con un dólar diario. Después hay que considerar el impacto multiplicador en las economías de los pueblos, del orden de 600 millones de dólares al año. En partes de Bangladesh y la India, la recepción de ingresos nuevos, asociada con el descenso a menos de 200 dólares del precio de las bombas de diesel importadas de China, ha acelerado la adopción de bombas de diesel de bajo costo y la creación de mercados de agua eficientes conforme los dueños de bombas de diesel venden agua de riego excedente. Felizmente, estos mercados de agua compiten ahora de modo efectivo con las bombas de pedal en la oferta de agua accesible de riego a pequeños agricultores en Bangladesh y la India.

Bombas de pedal y arandela

De la adición a bombas de pedal de un componente que empuja agua a la unidad de succión resulta una bomba de pedal de presión capaz de extraer agua a profundidades de hasta veinte metros, pero con un costo del doble de la de succión y que rinde menos agua porque cuesta más trabajo bombear desde tan hondo. No obstante, la bomba de cuerda y arandela, desarrollada en Nicaragua, puede extraer agua a profundidades mayores, de hasta treinta metros. Esta bomba se basa en tirar de una cuerda dentro de un tubo en el pozo, con arandelas sujetas a ella. A medida que un operador en la superficie da vuelta a una manivela, la cuerda sube por el tubo, y lleva agua hasta arriba. Sesenta mil bombas de esta clase se han vendido en Nicaragua, principalmente para uso doméstico. Las bombas de cuerda y arandela se prueban ya junto con sistemas de goteo de bajo costo para conseguir que la cantidad de agua, comparativamente reducida, que puede extraerse desde tan hondo con fuerza humana riegue plantas suficientes para resultar económicamente atractiva.

Microbombas de disel

En cuanto a las bombas motorizadas no eléctricas, las de diesel tienen ventajas sobre las propulsadas por motor de gasolina, porque duran más y consumen menos combustible. La potencia ideal de una bomba de diesel apropiada para una parcela de media hectárea es de tres cuartos de caballos de fuerza, pero hasta hoy la más chica ha sido de dos caballos, disponible en China. Después de la segunda guerra mundial, una microbomba de diesel de tres cuartos de caballos de fuerza enfriada con aire y que operaba mediante un engranaje de fricción en la llanta delantera de una bicicleta se usó para elevar la potencia de las bicicletas europeas. La IDE y Practica, organización holandesa de desarrollo, trabajan ya en prototipos de microbombas de diesel iguales, modificadas para mover una bomba de

Tabla 2. *Ventas globales de bombas de pedal*

ORGANIZACIÓN	PAÍS	VENTAS DE BOMBAS DE PEDAL HASTA LA FECHA	VENTAS ANUALES ACTUALES	VENTAS TOTALES
IDE	Bangladesh	1,567.987	40,000	2,071,763
	India	353,542	15,000	
	Nepal	100,000	10,000	
	Camboya	38,578	1,200	
	Myanmar	7,000	7,000	
	Zambia	4,656	800	
KickStart	Kenia y Tanzania	59,000	ND	59,250
	Mali	250	ND	
EnterpriseWorks	Senegal	600	ND	17,181
	Tanzania	131	ND	
	Níger	1,200	ND	
	Burkina Faso	15,250	ND	
Gobierno de Malawi	Malawi	75,000	ND	75,000
Total				2,223,194

Almacenamiento de agua de bajo costo: Este cilindro de plástico de doble pared de diez metros de largo por uno de diámetro, sostenido por una zanja, contiene diez mil litros de agua.

agua. Si esto surte efecto, es probable que la demanda global sea de varios millones de microbombas, por parte de pequeños agricultores que han obtenido ingresos suficientes para invertir en herramientas mecanizadas de extracción de agua.

Almacenamiento de agua

En casi todo el mundo, aun en las regiones más áridas, las lluvias más intensas del año caen en los dos a cuatro meses de la estación de los monzones. En el clima seco y caluroso del estado de Maharastra, la India, por ejemplo, los campos de los pequeños agricultores se vuelven lodazales a fines del verano. Luego el clima es más seco y caluroso hasta antes de los monzones, y la temperatura aumenta a cuarenta y cinco grados a la sombra. Los precios de mercado de frutas y verduras llegan entonces a sus niveles más altos, pero no hay esperanza de producir un solo cultivo sin irrigación.

La IDE diseña ya un estanque cuadrado de 400 dólares con revestimiento y tapa de plástico, de diez metros por lado y dos de hondo. Este sistema de almacenamiento de agua

109

de bajo costo para parcelas pequeñas tendrá capacidad para doscientos mil litros de agua de lluvia de la estación de los monzones, cantidad suficiente para regar por goteo durante cien días un octavo de hectárea de verduras de alto valor en la temporada más árida del año, y para generar 500 dólares de nuevos ingresos netos.

En el otro extremo de la escala se encuentra el lago Nasser, detrás de la presa de Asuán, de quinientos treinta kilómetros de largo, treinta y cuatro de ancho y más de un millón y medio de hectáreas de superficie. Alrededor de 7% del agua destinada al uso humano se pierde por evaporación en depósitos de grandes presas. En este ramo, una presa grande es de más de quince metros de alto. Las presas con menos se clasifican como pequeñas. Los agricultores que viven con un dólar al día rara vez ven una presa de más de dos metros, si acaso.

Claro que pequeños agricultores como Bahadur no necesitan una presa. Él tiene la suerte de disponer de un arroyo que fluye todo el año, y que surte de agua a un tubo de media pulgada las veinticuatro horas del día. La mayor parte de los pequeños agricultores de Bangladesh disponen de agua subterránea a tres o cuatro y medio metros de profundidad en la temporada de secas, así que les basta con extraerla con un artefacto como una bomba de pedal.

Pero los agricultores sin acceso a arroyos o a agua subterránea superficial tal vez deban retener agua de lluvia de la estación de los monzones y guardarla seis meses hasta la época más árida del año, cuando los precios de los cultivos llegan a su máximo nivel. Para ellos, la pregunta crucial es: "¿Cuánta agua debo almacenar para poder ganar 500 dólares?".

La respuesta es muy sencilla. Casi siempre es posible obtener 500 dólares de un octavo de hectárea (mil doscientos cincuenta metros cuadrados) de frutas y verduras durante la temporada más calurosa y árida del año, y casi en todos lados los pequeños agricultores deben almacenar doscientos mil litros en un tanque cerrado para poder regar por goteo durante cien días un octavo de hectárea de verduras en la temporada de secas.

La ironía es que aun antes de los tiempos bíblicos ya se retenía, juntaba y almacenaba agua de lluvia para su uso posterior. En la cuenca del río Amarillo, en China, cisternas subterráneas cavadas a mano y recubiertas de arcilla se han usado desde hace más de mil años para almacenar agua de lluvia de la estación de los monzones, recolectada por canales de escurrimiento. Millones de esos "pozos secos" aún se hallan en uso, aprovechando en tiempos modernos el escurrimiento de calzadas y usando para riego parte del agua almacenada. Pero más allá de los pozos secos chinos, con un costo de 150 dólares en el caso de un sistema de almacenamiento de diez mil litros, sencillamente no se dispone de modelos prácticos capaces de almacenar doscientos mil litros de agua de riego en un tanque cerrado, y tan baratos que pequeños agricultores puedan adquirirlos.

Calculo que un sistema cerrado de almacenamiento con revestimiento de plástico y un costo de 400 dólares atraerá a millones de pequeños agricultores alrededor del mundo.

He aquí otras opciones para agricultores de media hectárea sin acceso a arroyos, manantiales, lagos o agua subterránea superficial en temporada de secas.

Almacena agua bajo tierra

El mejor depósito de almacenamiento podrían ser las capas arenosas subterráneas, llamadas "mantos acuíferos". En la década de los ochenta, el movimiento religioso hindú Swadhyaya Parivar indujo a miles de agricultores en Gujarat a construir acequias que dirigieran el escurrimiento de la estación de los monzones a grandes pozos abiertos. Este acto colectivo restauró los mantos acuíferos y puso el agua almacenada a disposición del bombeo en la temporada de secas, cuando los precios de los cultivos llegan al tope. Existe un enorme potencial desaprovechado para dirigir agua de lluvia de los monzones a mantos acuíferos, donde se le puede almacenar sin pérdidas por evaporación y bombear en la época del año en que los precios de frutas y verduras alcanzan su nivel más alto.

Almacena agua en la superficie

1. *Construye un estanque.* Cualquier campesino que se respete sabe cómo construir un estanque de cien metros cuadrados con dos metros de profundidad. La clave para que sea eficaz y accesible es revestirlo con un plástico que impida fugas y dure al menos dos o tres años. Si el agua debe almacenarse varios meses, los agricultores tendrán que buscar el modo de eliminar o reducir la evaporación. La sombra provista por árboles o por tallos de bambú cubiertos con hojas de plátano u otras hojas anchas puede ser de utilidad, y la IDE diseña ya una tapa de plástico de bajo costo para eliminar la evaporación superficial.

2. *Haz un tanque de agua de bajo costo.* La solución del condón gigante: para impedir la evaporación, la forma ideal de almacenamiento es un tanque cerrado. Pero el tanque de hormigón armado más barato cuesta en la India una rupia (poco más de dos centavos de dólar) por litro. Para reducir este costo, la IDE en la India diseñó y probó una tina de plástico de doble pared de diez metros de largo y uno de diámetro en una zanja (véase página 117). Esta tina cuesta 40 dólares y guarda diez mil litros de agua. Tal cantidad es suficiente para proveer de agua potable durante un año a una familia de cinco miembros, y disponer además de un huerto pequeño regado por goteo. Pruebas de mercado iniciales de esta tina cerrada de plástico tuvieron lugar en la India en 2007.

   La solución de la alberca inflable: un creativo equipo de estudiantes de diseño en Stanford ideó una solución aún más simple para un sistema cerrado de almacenamiento de agua de superficie y bajo costo. Su punto de partida fue el diseño de una simple alberca de plástico. Éste es un recipiente de plástico en forma de bombín al revés. Conforme el recipiente se llena, la presión del agua empuja las paredes laterales, dando forma a aquél. Puesto que las fuerzas mecánicas que actúan en las paredes están en función de la profundidad, no debería haber limitación en el tamaño. Las fuerzas en las paredes laterales de una alberca de sesenta centímetros de hondo no cambian si ésta pasa de un metro por metro y cuarto a tres por cuatro.

Un agricultor en disposición de un tubo por gravedad desde un arroyo puede enrollar la alberca de plástico como si fuera una cama portátil y llevarla a la parte del campo que desea regar. Si su alberca es de mil litros, le bastará llenarla con el tubo del arroyo y tender otro de la alberca al sistema de goteo de bajo costo.

Ahora bien, digo esto sin saber si realmente funciona. El equipo de estudiantes de Stanford y la IDE Myanmar prueban aún esta opción.

Distribución de agua

Dado que 70% del agua destinada en el mundo al uso humano es para irrigación, asombra saber que alrededor de 90% del agua de riego se aplica a campos y cultivos en los que se usan métodos de superficie ineficientes que no han sufrido cambios en los últimos ochocientos años. En la mayoría de los sistemas de canales se pierde mucha agua por filtración entre la fuente y el campo. Una consecuencia no buscada es que esas fugas restauran los mantos acuíferos superficiales, lo que permite a numerosas microgranjas instalar pozos superficiales y bombas para contar con agua de riego a demanda. Pero al momento de trasladar esta agua a sus cultivos, los agricultores suelen aplicar los ineficientes métodos de superficie que todos usan.

Una vez que un pequeño agricultor ha juntado y almacenado laboriosamente agua en un estanque de doscientos metros cúbicos, necesita un sistema de distribución eficiente para llevarla hasta sus cultivos sin agotarla en el riego del primer día. Necesita sistemas de irrigación por goteo de bajo costo que garanticen que 80 o 90% de la preciosa agua almacenada vaya directo a las raíces de las plantas, o algo igualmente eficaz. Para otros cultivos, sistemas de aspersores de baja presión y bajo costo, aunque no tan eficientes como los de goteo, lo son mucho más que la irrigación de superficie convencional. Pero sistemas convencionales de goteo y aspersores sencillamente no están disponibles a un precio que el agricultor que vive con un dólar al día pueda pagar, y a un tamaño adecuado al de su habitual parcela de un octavo de hectárea.

Irrigación por goteo de bajo costo

Ya he descrito sistemas accesibles de irrigación por goteo para pequeñas parcelas, y su potencial para llegar al menos a diez millones de agricultores de media hectárea en los próximos diez o quince años (véase figura 1).

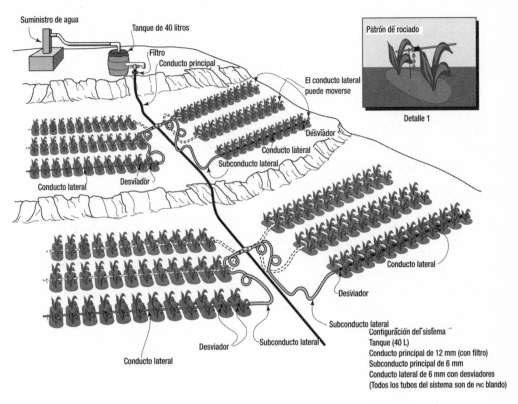

Figura 1. *Esquema de un sistema de irrigación por goteo con microtubos de bajo costo,
creado por la* IDE *en la década de los noventa*

Sistemas de aspersores de bajo costo

Los pequeños agricultores usan aspersores de baja presión y bajo costo en vez de sistemas de goteo accesibles para plantas que no se siembran en hileras o muy juntas, campos accidentados y cuando el agua abunda en minerales que tapan los sistemas de goteo. Cuando Jack Keller empezó a trabajar en el diseño de sistemas de aspersores de bajo costo para pequeñas parcelas, su primer paso fue buscar cabezas aspersoras capaces de distribuir el agua de manera uniforme a los cinco metros de presión generados por el flujo del agua desde un tanque cinco metros por encima del terreno. En ese entonces, la presión estándar que necesitaban las cabezas de los sistemas convencionales de aspersores era de veinte

113

metros. Estos sistemas de aspersores de bajo costo de la IDE emergen apenas de pruebas de campo en la India, y uno de un cuarto de hectárea costará aproximadamente 80 dólares.

Amplia gama de nuevas herramientas de irrigación accesibles de pequeñas parcelas

He descrito algunas herramientas accesibles de irrigación de pequeñas parcelas actualmente en desarrrollo. Son sólo la punta del iceberg. Otras —como tecnología accesible de perforación y construcción de pozos, irrigación de superficie eficiente y accesible para pequeñas parcelas y sistemas totales de captación, almacenamiento y aplicación de agua de lluvia para microgranjas— aún están por desarrollarse.

¿Qué sigue?

Sin acceso a una fuente de agua todo el año y a un sistema de goteo de bajo costo para llevarla hasta sus pepinos, Bahadur jamás habría escapado de la pobreza. El acceso a irrigación de bajo costo para pequeñas parcelas fue una condición necesaria, aunque no suficiente. Para ganar montos que les permitieran elevarse sobre la pobreza, Bahadur y los suyos tuvieron que familiarizarse con una nueva área de producción intensiva de cultivos comerciales y aprender a vender con ganancia sus cultivos.

Un tanque por gravedad riega pepinos fuera de temporada en Nepal.
Una mujer lo llena con un tubo procedente de un arroyo en lo alto.

Una nueva agricultura para microgranjas

"¡Grandes y gordos pepinos verdes!", exclamó Krishna Bahadur Thapa mientras estrechaba cariñosamente una verde brazada.

Yo le había preguntado cuál fue la clave del primer gran estirón de sus ingresos. Luego, claro, no tuvimos otra opción que seguirlo respetuosamente hasta su campo, verlo cortar muchos más pepinos de los que alguna vez podríamos comer y admirar cada uno de ellos. Más tarde tuvimos que comer un trozo tras otro, no sin que antes él espolvoreara con delicadeza un poco de sal.

Estas rebanadas de pepino ligeramente saladas me parecieron jugosas y un poco amargas, pero nada especiales. Eran sencillamente pepinos frescos. Pero en medio del invierno seco y caluroso, para los nepaleses había algo mágico en ellos. Su jugo parecía desmentir el paisaje agostado, y la mayoría de los nepaleses les atribuían propiedades curativas y de prevención de enfermedades. Entre enero y mayo, en el mercado de Mugling el kilo de pepinos se vendía en treinta a cuarenta rupias (cuarenta y cinco centavos de dólar), tres veces su precio normal, de diez rupias, porque los agricultores indios no podían cultivar pepinos en invierno y pocos agricultores nepaleses tenían acceso a agua de riego en la temporada de secas. Nosotros vimos a niños harapientos de ocho y diez años vender rebanadas de pepinos en las paradas de los autobuses, mientras que en el camino a Katmandú, en un manantial con agua fresca donde todos se paraban a beber, una tiendita con paredes de bambú y techo de hojas de plátano las vendía a tres veces su precio normal.

Así que cuando se trató de decidir qué sembrar en enero, inmediatamente después de haber pedido prestada la mitad de los 36 dólares que necesitaba para comprar e instalar su primer sistema de goteo de un treintaidosavo de hectárea, para Bahadur no hubo vuelta de hoja.

¡Pepinos!

El primer paso fue pedir prestada un hacha a un vecino, subir al bosque encima de la casa de Bahadur y bajar una carga tras otra de troncos y ramas retorcidos, cada cual de tres metros de alto. Luego él los clavó muy hondo en el suelo, en hileras separadas metro y cuarto una de otra, con un metro entre cada tronco. Este escueto bosque fue una instalación permanente. Brindó el soporte estructural de las parras de pepinos sembradas en enero,

117

pero Bahadur no quitó las ramas una vez terminada la temporada de pepinos, en mayo. Este bosque de troncos dio espacio para trepar a las calabazas redondas, las calabazas amargas y los frijoles que Bahadur y su familia cultivaron durante la estación de los monzones, de junio a septiembre, consiguiendo decorosas ganancias adicionales.

Cuando hablé con Bahadur y su familia dos años después de que obtuvieron su primera cosecha de pepinos regados por goteo, habían ampliado su empresa de verduras fuera de temporada regadas por goteo a mil doscientos cincuenta metros cuadrados (un octavo de hectárea) y ya recibían un flujo estable de 500 a 600 dólares al año de su granja de media hectárea, en vez de los impredecibles 50 a 150 dólares de años anteriores. Seguían cultivando arroz en su campo de temporal de media hectárea junto al río durante la estación de los monzones, de junio a septiembre, y continuaban después con garbanzo negro y algo de maíz. Rotaban garbanzo negro, maíz y otros cultivos en algunos de sus campos en las tierras altas también. Les daba gusto dedicar una parte mayor de sus campos a producir cultivos comerciales de alto valor en lugar de concentrarse exclusivamente en arroz, garbanzo negro y maíz, los cultivos que alimentaban a la familia pero que rendían ingresos escasos o nulos.

La rotación de cultivos en su octavo de hectárea recién regado por goteo era más o menos así:

De enero a mayo producían pepinos, de los que obtenían una ganancia neta de diecisiete mil rupias (200 dólares). Al llegar la estación de los monzones, sembraban en el mismo campo calabazas amargas, calabazas redondas y frijoles, los cuales se servían de las mismas ramas para trepar. Me sorprendió saber que Bahadur y los suyos incluso usaban ocasionalmente su sistema de irrigación por goteo en las pausas de lluvia de la estación de los monzones. La venta de frijoles y calabazas amargas y redondas les rendía otras diecisiete mil rupias.

En el periodo de septiembre a diciembre, cuando llovía en forma intermitente, ganaban otras cuatro mil rupias (60 dólares) produciendo coliflor fuera de temporada y vendiéndola a comerciantes que llegaban a la granja. Obtenían 50 dólares más de chiles, cebollas y verduras varias, pero consumían al menos la mitad de estas verduras.

El cambio de énfasis de su pequeña empresa agrícola de cultivos de subsistencia a cultivos comerciales de alto valor los lanzó casi de la noche a la mañana de la mera sobrevivencia a pertenecer a la clase media nepalesa, en rápido crecimiento. Y estaban decididos a seguir aprendiendo.

Aprender a producir pepino y coliflor fuera de temporada implicó tres meses de capacitación por parte de un agrónomo de la IDE que cada dos semanas llegaba al pueblo en bicicleta. Él les enseñó a cultivar plantas de pepino en un invernadero de plástico en forma de túnel, de bajo costo y sesenta centímetros de alto, tras esterilizar la tierra negra, y les explicó las mezclas de nutrientes y micronutrientes por aplicar en diferentes etapas del ciclo de crecimiento de las plantas.

Deu Bahadur Thapa de pie junto a su cultivo emparrado de la estación de los monzones, justo como lo había hecho su padre años antes.

La grandeza de las microgranjas

Sorpresivamente, microgranjas como la de Bahadur desempeñan en la agricultura global un papel mucho más importante del que la mayoría cree. Durante veinte de los veinticinco años en que trabajé con pequeños agricultores, subestimé la relevancia de las microgranjas en la agricultura mundial. Sabía lo valiosas que eran para los pobres, pero suponía que representaban sólo de 10 a 15% de las tierras de labranza. Me asombró saber lo importantes que eran.

Yo no era el único. Líderes en universidades donde se imparten cursos de agricultura y organizaciones que financian, planean y ejecutan iniciativas agrícolas también han subestimado el trascendente papel de las parcelas de menos de una hectárea para los pobres, y el de aquellas de menos de dos hectáreas en la productividad agrícola del planeta.

Lo que descubrió Oksana Nagayets, analista e investigadora del International Food

119

Cultivo de pepinos emparrados en Nepal.

Policy Research Institute (IFPRI), al preparar un artículo complementario sobre microgranjas en 2005[1] es impresionante.

De los quinientos veinticinco millones de granjas que existen en el mundo, *cuatrocientos cuarenta y cinco millones, alrededor de 85%, tienen menos de dos hectáreas.* Las granjas de menos de dos hectáreas representan 95% de las granjas y 69% del área cultivada total en Bangladesh, 87% de las granjas y 60% del área cultivada total en Etiopía. En China, 98% de las granjas tienen menos de dos hectáreas (véase tabla 3).[2]

El tamaño promedio de las granjas tanto de Asia como de África es de 1.6 hectáreas (véase tabla 4).[3] Las granjas de familias que viven con un dólar al día son muy inferiores a ese promedio. El tamaño de las granjas de Estados Unidos y Europa, donde reside gran parte de la autoridad de las instituciones globales de investigación agrícola, es notoriamente superior y sigue en aumento, en tanto que el de las granjas de los países en desarrollo continúa disiminuyendo (tabla 5).[4]

Pese a las predicciones de los economistas, el tamaño promedio de las granjas en los países en desarrollo decreció en forma sostenida (tabla 5),[5] debido tal vez al rápido crecimiento de la población. El de las granjas de Estados Unidos y casi todos los países de Europa, en cambio, aumenta sostenidamente, tal como los economistas predijeron.

Salta a la vista que las microgranjas comprenden una porción asombrosamente alta de la superficie cultivada total en los países en desarrollo (véase tabla 6).[6]

120

Tabla 3. *Los cinco países con mayor número de microgranjas, por región*

País	Año del censo	Número de granjas de menos de 2 hectáreas	Proporción de granjas de menos de 2 hectáreas (porcentaje)
Asia			
China	1997	189,394,000	98
India	1995-1996	92,822,000	80
Indonesia	1993	17,268,123	88
Bangladesh	1996	16,991,032	96
Vietnam	2001	9,690,506	95
África			
Etiopía	2001-2002	9,374,455	87
Nigeria	2000	6,252,235	74
RD Congo	1990	4,351,000	97
Tanzania	1994-1995	2,904,241	75
Egipto	1990	2,616,991	90
América			
México	9991	2,174,931	49
Perú	1994	1,004,668	58
Brasil	1996	983,330	21
Ecuador	1999-2000	366,058	43
Venezuela	1996-1997	133,421	23
Europa			
Rusia*	2002	16,000,000	98
Ucrania	2003	6,214,800	99
Rumania	1998	2,279,297	58
Bulgaria	1998	1,691,696	95
Polonia	2002	1,494,100	51

Fuente. Cálculos de Nagayets basados en FAO (2001, 2004) y en datos de organismos estadísticos nacionales. Se reproduce con autorización del IFPRI.

*Datos basados en granjas de menos de una hectárea.

121

Tabla 4. *Tamaño aproximado de las granjas por región del mundo*

REGIÓN DEL MUNDO	TAMAÑO PROMEDIO DE LAS GRANJAS, HECTÁREAS
África	1.6
Asia	1.6
América Latina y el Caribe	67.0
Europa*	27.0
América del Norte	121.0

Fuente: Von Braun 2005. Se reproduce con autorización del IFPRI.
*Incluye sólo a Europa occidental.

Granjas de menos de dos hectáreas aportaron 40% de la producción de granos y dominaron el sector lácteo en la India en 1990-1991; representaron asimismo 49% de la producción agrícola total en Kenia en 1985. En 2005, pequeños agricultores aportaron 85% de la producción agrícola total en Malawi y 97% de la producción de leche en Etiopía. En Rusia en 2001, granjas de menos de dos hectáreas produjeron 51% de la leche, 57 de la carne, 80 de las verduras, 93 de las papas y 28% de los huevos.[7]

El tamaño de las granjas que sobreviven con un dólar diario

Si hay cuatrocientos cuarenta y cinco millones de pequeñas granjas y en cada una vive una familia de cinco miembros, dos mil doscientos millones de personas de los seis mil doscientos millones que componen la población mundial viven y trabajan en granjas pequeñas. Pero las granjas en las que ochocientos millones de personas se ganan la vida con un dólar diario o menos son mucho menores de dos hectáreas, por lo general de media hectárea dividida en cuatro o cinco solares desperdigados. Las miles de granjas de un dólar diario que he visitado van de dos centésimas de hectárea en zonas periurbanas de países densamente poblados a cuatro hectáreas en regiones áridas, pero su tamaño usual es de media hectárea.

Microgranjas y agricultura moderna

Si 85% de las granjas del mundo son de menos de dos hectáreas y generan más de la mitad de los cultivos, carne y productos lácteos de la mayoría de los países en desarrollo, sin duda la mayor parte de las investigaciones agrícolas en el mundo entero se centran en cómo elevar la productividad e ingresos de las microgranjas, ¿verdad?

Tabla 5. *Tendencias del tamaño promedio de las granjas y el número de microgranjas*

País	AÑO DEL CENSO	TAMAÑO PROMEDIO DE GRANJAS, HECTÁREAS	ÁREA TOTAL DE TIERRAS DE LABRANZA, HECTÁREAS	NÚMERO DE GRANJAS DE MENOS DE 2 HECTÁREAS
Países desarrollados selectos				
Estados Unidos	1969	157.6	430,321,000	108,370
	2002	178.4	379,712,151	ND
Reino Unido	1970	55.1	17,992,312	ND
	1993	70.2	17,144,777	ND
Austria	1969	20.7	7,490,463	75,840
	1990	26.7	7,217,498	38,694
Alemania	1971	14.2	15,236,139	195,198
	1995	30.3	17,156,900	90,600
Países en desarrollo selectos				
RD Congo	1970	1.5	3,821,916	2,026,740
	1990	0.5	2,387,700	4,351,000
Etiopía	1977	1.4	6,862,200	3,675,500
	2001-02	1.0	11,047,249	9,374,455
China	1980	0.6	ND	ND
	1999	0.4	ND	ND
India	1971	2.3	162,124,000	49,114,000
	1991	1.6	165,507,000	84,480,000
	1995-96	1.4	163,357,000	92,822,000
Indonesia	1973	1.1	16,394,000	12,712,791
	1993	0.9	17,145,036	17,268,123
Nepal	1992	1.0	2,598,971	2,407,169
	2002	0.8	2,654,037	3,083,241
Paquistán	1971-73	5.3	19,913,000	1,059,038
	2000	3.1	20,437,554	3,814,798

Fuente: Cálculos de Nagayets basados en FAO (2001, 2004). Los datos de China proceden de Fan y Chan-Kang (2003). Se reproduce con autorización del IFPRI.
Nota: ND indica datos no disponibles.

Tabla 6. *Microgranjas como proporción del número total de granjas y del área cultivable total*

		Número de microgranjas como proporción del total de granjas (porcentaje)	Proporción del área total cultivada por pequeños agricultores (porcentaje)
Egipto	1990[a]	75	49
Etiopía	1999-2000	87	60
RD Congo	1990	97	86
Uganda	1991	73	27
Bangladesh	1996	95	69
India	1995-1996	80	36
Indonesia	1993	88	55
Nepal	2002	92	69
Paquistán	2000	58	15
Brasil	1996	20	0.3
Ecuador	1990-2000	43	2
Panamá	2001[b]	53	0.6
Georgia	1998	96	33
Polonia	2002	51	7
Rumania	1998	58	14
Rusia	2002[b]	98	3
Ucrania	2003	99	8

Fuente: FAO 2001, 2004; Tanic 2001, Goskomstat 2002, Banco Mundial/OCDE 2004. Se reproduce con autorización del IFPRI.
[a] Menos de 2.1 hectáreas.
[b] Menos de 1 hectárea.

¡Falso!

¿Por qué los líderes de la agricultura pasan sistemáticamente por alto la importancia de las microgranjas?

La respuesta no es un misterio.

Los centros de mayor pericia en agricultura, donde se forman los futuros líderes de países en desarrollo, se hallan en Estados Unidos —cuyas granjas tenían en 2002 un tamaño promedio de ciento ochenta hectáreas— y en Europa —con granjas promedio de veintiocho hectáreas en 2005. Es perfectamente lógico, entonces, que los profesores de universidades occidentales, quienes realizan la mayor parte de su investigación de doctorado en granjas occidentales, vean todo dentro del contexto que conocen y donde llevan a cabo sus investigaciones. También lo es que estén influidos por los profesores que los rodean y que consideran a las microgranjas y las herramientas simples que se usan en ellas como aberraciones lamentables de la edad de piedra que pronto serán remplazadas por granjas más grandes, conforme avancen las fuerzas del mercado.

Es improbable que sus estudiantes aprendan algo siquiera de cómo criar tres cabras en un pueblo montañoso de Nepal o de cómo cultivar fuera de temporada un octavo de hectárea de verduras en una aldea tribal en la India y ganar dinero haciéndolo. Aunque la agricultura de granjas grandes se aplica a la perfección al contexto de las granjas occidentales, tales procesos son trágicamente erróneos cuando se aplican sin más a los países en desarrollo. En ellos las granjas son minúsculas, y cada vez menores; y entre más chicas y remotas son, es más probable que estén ocupadas por personas que sobreviven con menos de un dólar diario. Si yo fuera por un día el dictador de la agricultura mundial, insistiría en exigir a cada aspirante a un título de maestría o doctorado en agricultura una investigación de seis meses sobre los problemas agrícolas de las microgranjas. Esto causaría una revolución teórica y práctica en la agricultura relacionada con la pobreza.

A mediados de la década de los ochenta di una charla en Cornell sobre la labor de la IDE, y dos profesores de ingeniería agrícola me reprocharon que promoviera las bombas de pedal, las que, dijeron, reducían a los agricultores a peones cuando se disponía de máquinas modernas para liberarlos de su carga. Cuando la IDE ayudó a refugiados a fabricar y vender en Somalia quinientas carretas tiradas por burros, un funcionario del gobierno con doctorado en Boston me criticó públicamente por tratar de ejecutar ese proyecto.

"Doctor Polak", me preguntó, "¿acaso cada mañana llega usted a su oficina en Denver en una carreta tirada por un burro? ¿Cómo se atreve a recomendarnos carretas tiradas por burros? Las hemos usado desde antes de que usted naciera, pero ahora queremos modernizar nuestro país."

Claro que, dos años después, cuando este proyecto era ya el programa de generación de ingresos más exitoso de Somalia, este sujeto había cambiado de parecer.

Microgranjas e innovación agrícola

La revolución verde dio grandes esperanzas a las microgranjas. Pero para cultivar las nuevas variedades de alto rendimiento de arroz, trigo y maíz, los pequeños agricultores debían tener acceso a la irrigación, fertilizantes y métodos de producción que esos nuevos y milagrosos cultivos requerirían para florecer. Las semillas son fáciles de dividir en paquetes pequeños. Pero generar un kilo de granos requiere mil kilos de agua. Grandes sistemas de canales suministran agua suficiente para producir arroz, trigo y maíz, pero dividir en piezas el equipo de riego es mucho más difícil que dividir un kilo de semillas de arroz en paquetes de ciento setenta gramos. Las barreras de acceso a la irrigación de bajo costo de pequeñas parcelas han sido un obstáculo importante para la adopción de semillas y estrategias de la

125

revolución verde por parte de agricultores con pocas tierras de labranza, así que la mayoría de ellos, como Bahadur, cultivan granos en la estación de los monzones, cuando aumenta el riesgo de inundaciones catastróficas.

Pero hay otra barrera importante. Dado que los agricultores que viven con un dólar al día sufren una carencia crónica de efectivo, tienen dificultades para conseguir 50 dólares con los cuales cubrir los costos de las semillas, fertilizantes y plaguicidas de la revolución verde. Pero aun si obtienen esa suma, se resisten a invertir en más insumos de lo que pueden permitirse perder en una inundación cada diez años. Este riesgo desaparece si cultivan arroz en la temporada de secas, aunque hacerlo implica riego.

La conclusión es que si bien la revolución verde ha aumentado el rendimiento del arroz a entre cinco y seis toneladas por hectárea en lugares como Japón y Taiwán, la mayoría de los pequeños agricultores que viven con un dólar diario siembran variedades tradicionales de polinización abierta de arroz, que requieren menos fertilizante, presentan menos riesgos y producirán una cosecha razonable de temporal, con rendimientos del orden de una a tres toneladas por hectárea. Las nuevas semillas biogenéticas son aún más caras que las variedades de semillas de alto rendimiento de la revolución verde.

La agricultura orgánica tiene gran potencial para campesinos como Bahadur y su familia. Muchos pequeños agricultores ya la practican por necesidad, si no por elección, pues no pueden permitirse los plaguicidas y herbicidas proscritos por las normas de esta modalidad agrícola. El problema es la dificultad de implementar sistemas para certificar como orgánicas a millones de microgranjas dispersas, y para recolectar y comercializar sus productos.

Debido al notable éxito de la revolución verde, muchos líderes de la erradicación de la pobreza alientan a pequeños agricultores a adoptar semillas y estrategias verdes. Pero muchos campesinos disponen de opciones menos costosas y arriesgadas que incrementarían el monto de los alimentos que cultivan para comer.

Una nueva agricultura para pequeños agricultores que viven con un dólar al día

La nueva agricultura diseñada para terminar con la pobreza en las pequeñas parcelas debe echar raíces en un conocimiento amplio de las microgranjas de los países en desarrollo y de las experiencias diarias, esperanzas y sueños de las familias que se ganan la vida en ellas.

Los miles de pequeños agricultores de un dólar al día con quienes me he entrevistado sueñan con dos cosas:

1. Cultivar lo suficiente para alimentar a su familia todo el año.
2. Obtener ingresos suficientes cada año para acabar con su pobreza.

126

Cultivar para alimentar a la familia

Prun Chhon y su familia viven en el pueblo de Tamol, Camboya, dos horas al sur de Phnom Penh. Cultivan arroz, arroz y más arroz en su terreno de una hectárea. Cada año producen dos cosechas de arroz en la larga estación de los monzones. Chhon calcula que necesita dos toneladas de arroz para alimentar durante un año a las doce personas que componen su familia, y él y los suyos producen una tonelada en cada una de sus dos cosechas de arroz. Claro que agricultores en Taiwán, Japón y otros países producen más de cinco toneladas de arroz por hectárea usando semillas de la revolución verde, mucho más fertilizante que el que Chhon aplica y mejor riego. Pero esto requiere una inversión en semillas, fertilizantes y productos químicos mucho mayor de la que Chhon y su familia pueden permitirse; y aun si pudieran pedir prestado, no podrían arriesgarse a perder una inversión así en una gran inundación.

Prun Chhon aplica urea a sus arrozales dos veces por cada siembra, diseminándola a mano. Dice que su inversión total en semillas, fertilizantes y productos químicos es de 55 dólares. Gran parte de la urea se escurre cuando llueve fuerte, y otra se evapora. Pero ahora Chhon espera que una nueva modalidad de gránulos de urea de liberación sostenida introducidos por la IDE, gránulos que su esposa y él entierran con un palo entre cada cuatro plantas de arroz, lleguen completos a sus plantas y dupliquen su rendimiento, aunque esto aumente los costos de sus insumos de 55 a 74 dólares. Si Chhon y los suyos duplican su rendimiento, podrían terminar produciendo cuatro toneladas y vendiendo dos, lo que les reportaría de 300 a 400 dólares en ingresos, al mismo tiempo que alimentos para toda la familia. Debido al costo extra, este año Prun Chhon y su esposa harán la prueba sólo en una de sus siembras de arroz; si funciona, aplicarán el procedimiento a ambas siembras el próximo año.

Junto a su casa, Prun Chhon y su familia producen, y después consumen, verduras en un dieciseisavo de hectárea. Riegan este lote con cubetas desde un arroyo a ciento ochenta metros de su casa. Tal vez con la ayuda de la IDE puedan aprender a trasladar el agua al campo con una bomba de pedal, llevarla hasta las verduras con un sistema de goteo de bajo costo y vender estas últimas a alto precio en la temporada de secas. Pero por lo pronto sólo pueden considerar el arroz.

Se necesita una tonelada inglesa (novecientos kilogramos) de arroz para alimentar durante un año a la familia rural promedio. No obstante, la mayoría de los agricultores que viven con un dólar diario producen setecientos kilos, apenas suficientes para que la familia coma nueve meses; y si no ganan la diferencia mediante el trabajo asalariado, pasan hambre.

Para casi todos los campesinos, la primera prioridad es usar sus terrenos para alimentar a su familia todo el año. Tienen al menos tres opciones:

1. Aumentar el rendimiento de sus cosechas de granos usando semillas de la revolución verde, y el agua y fertilizante que éstas requieren.

2. Adoptar estrategias de bajo riesgo como la implantación de gránulos de urea de liberación sostenida y el sistema de intensificación de arroz (System for Rice Intensification, SRI), que incrementan el rendimiento de granos con semillas tradicionales y reducidas inversiones de efectivo.

3. Elevar en 500 dólares sus ingresos netos anuales produciendo cultivos comerciales de alto valor, intensivos en mano de obra, en un octavo de hectárea, y usándolos para comprar los alimentos que necesitan.

Producir más alimentos con insumos de la revolución verde

La revolución verde aún no ha llegado a África, y la mayoría de las familias de pequeños agricultores que viven ahí con un dólar diario no emplean semillas y estrategias de esa revolución, así que continúan obteniendo rendimientos de granos de una a tres toneladas por hectárea. Hay al menos tres barreras cruciales contra la adopción de la revolución verde por parte de los pequeños agricultores. La primera es la falta de acceso a riego de bajo costo. La segunda, el costo comparativamente alto de los insumos de la revolución verde para agricultores cortos de efectivo que viven con un dólar al día. La tercera, el inaceptable riesgo de pérdidas en una inundación cada diez años o en una sequía.

Sin acceso a irrigación en la temporada de secas, los pequeños agricultores tienen que depender de las lluvias de la estación de los monzones para proveer de agua a sus cultivos de subsistencia. En Nepal no es raro que en esa estación deje de llover tres semanas, así que un campesino que vive con un dólar al día y pide un crédito de 50 dólares a un prestamista para adoptar variedades de arroz de alto rendimiento se arriesga a perder su terreno en cuatro meses, cuando llegue el momento de pagar 100 dólares al prestamista. Otro agricultor que invierte 50 dólares en arroz de alto rendimiento en la estación de los monzones en Bangladesh, se arriesga a perderlo todo en una inundación de cada diez años.

Estrategias de bajo costo y riesgo para producir más alimentos

Estrategias como la de la implantación de cápsulas de urea de liberación sostenida, que la IDE ha probado y comercializado exitosamente entre pequeños agricultores en las montañas del centro de Vietnam, Nepal y Bangladesh, suelen costar un poco más que la diseminación tradicional de urea, y reducen el riesgo de pérdidas por escurrimiento en lluvias intensas, mientras que elevan el rendimiento en 20% o más. Si los trabajadores de una familia producen setecientos de los novecientos kilos que necesitan para alimentarla e incrementan el rendimiento a ochocientos cincuenta kilos, tienen que buscar dinero para comprar sólo cincuenta kilos en vez de doscientos.

El SRI,[8, 9] método de bajo costo y más intensivo en mano de obra para aumentar el rendimiento del arroz, se ha extendido rápidamente entre los pequeños agricultores, pese a que ha generado considerable controversia. La mayor parte del arroz se cultiva bajo el agua en arrozales. Esto hace que las plantas estén permanentemente provistas de agua y suprime la maleza. Dado que pocos de los agricultores que viven con un dólar al día tienen acceso a irrigación formal, dependen de las lluvias de la estación de los monzones para dotar de agua a su cultivo de arroz. Los viajeros que van de Katmandú, Nepal, a los llanos de Tarai, en el sur, contemplan millas y millas de terrazas en laderas tan empinadas que desafiarían a una cabra montés. Muchas de esas terrazas fueron construidas hace varias generaciones con herramientas manuales asistidas por fuerza animal. Cada una recoge agua de lluvia de los monzones, anega un área reducida sembrada de arroz y transfiere el agua sobrante a la terraza de abajo, hasta llegar al pie de la montaña.

En contraste con la práctica usual de cultivo de arroz, de conformidad con el SRI las plantas se siembran a mayor distancia entre sí —como suele hacerse con las de jitomate—, manteniendo húmedas sus raíces con irrigación periódica. Muchas pruebas de este método reportan que las plantas de arroz cultivadas de este modo son más resistentes y tienen raíces más sanas, debido, en parte, a que el suelo se airea. El rendimiento llega a duplicar incluso el obtenido con el método convencional de anegamiento. Esto ofrece a los pequeños agricultores la atractiva opción de aumentar el rendimiento del arroz sin abandonar sus variedades tradicionales ni arriesgar una gran inversión en insumos. Las pruebas iniciales del SRI efectuadas por la IDE en Vietnam, Camboya y la India han dado resultados alentadores. El SRI abre la posibilidad de regar arrozales pequeños con sistemas de aspersores y goteo de bajo costo usando fuentes de agua mucho más modestas. Las primeras pruebas de campo en la India en las que el SRI se ha combinado con un sistema de irrigación por goteo de bajo costo han producido incrementos promisorios de rendimiento y calidad en la producción de arroz.

Producir cultivos comerciales para comprar alimentos

El tercer método para mantener alimentada a la familia de un pequeño agricultor es el que ofrece más esperanzas a largo plazo, aunque al principio suele parecer demasiado riesgoso para los campesinos. Éstos pueden obtener ingresos netos adicionales de 500 dólares al año produciendo un octavo de hectárea de cultivos comerciales de alto valor regados durante la temporada de secas, y usar el dinero de frutas y verduras para comprar el arroz, trigo o maíz que necesiten para cubrir lo que les falte tras haber adoptado métodos de bajo costo y bajo riesgo para incrementar el rendimiento de sus cultivos básicos. Millones de agricultores ya han aprovechado este enfoque empresarial.

129

El camino a la nueva riqueza para pequeños agricultores de un dólar al día

Las microgranjas de los países en desarrollo registran los índices salariales más bajos del mundo: entre cinco y diez centavos de dólar la hora. En un campo de juego parejo, las microgranjas en las que se emplea a la familia superan sistemáticamente a las grandes granjas que se sirven de trabajadores asalariados. El primer paso que conducirá a las microgranjas a la prosperidad es identificar en cada zona agroclimática cuatro o cinco frutas o verduras de alto valor fuera de temporada que tengan una demanda de mercado sostenible y puedan producirse con éxito en parcelas de un octavo de hectárea intensivamente cultivadas y regadas. Luego, en cada zona agroclimática deben darse pasos prácticos para estimular redes del sector privado que ofrezcan a los pequeños agricultores acceso al riego, insumos y habilidades de bajo costo requeridos para producir esos cultivos, y acceso también a las redes de transporte y comerciales necesarias para venderlos con ganancia. La IDE ha ayudado ya a más de 2.5 millones de familias de pequeños agricultores a aumentar drásticamente sus ingresos usando este método.

Pero ponerlo a disposición de los ochocientos millones de campesinos que viven con un dólar al día requiere una nueva y audaz iniciativa agrícola centrada en las microgranjas, comparable en magnitud a la revolución verde.

Debemos desarrollar especies de frutas, verduras y otros cultivos comerciales de alto valor adaptadas a las microgranjas.

Debemos diseñar y diseminar mediante el sector privado una amplia gama de tecnologías accesibles de irrigación de microgranjas.

Y debemos desarrollar nuevas técnicas de rotación de cultivos, gestión de plagas y horticultura intensiva diversificada para microgranjas y parcelas de un octavo de hectárea.

Sólo una proporción mínima de la investigación agrícola en el mundo actual se centra en la optimización de los ingresos netos de los solares de un octavo de hectárea y las parcelas de media hectárea donde la mayoría de los más pobres del mundo se ganan la vida. La agricultura moderna sigue absorta en las estrategias de la revolución verde y en la contribución que la biogenética puede hacer para elevar la productividad de los cultivos, técnicas que se centran en las grandes granjas.

Hay excepciones: el Asian Vegetable Research and Development Center (AVRDC) dirige su interés a la producción de verduras de enorme relevancia para las microgranjas, y algunas instituciones del Consultative Group on International Agricultural Research (CGIAR) ya prestan más atención a estrategias generadoras de ingresos en microgranjas.[10] Pero aun cuando los científicos se concentran en las pequeñas granjas, su principal foco de atención siguen siendo las políticas macroeconómicas y las prácticas de la revolución verde, en vez de partir del nivel del pequeño agricultor y trabajar desde ahí. En un congreso en Inglaterra sobre "El futuro de las microgranjas" en 2005[11] se analizaron las tendencias macroeconómicas, las perspectivas de la adopción de tecnologías de la revolución verde y biogenéticas por parte de las microgranjas y el impacto del creciente sector de los supermercados en la producción, pero se dijo poco de utilidad para los pequeños agricultores.

Terminar con la pobreza de la mayoría de la población mundial que hoy sobrevive con menos de un dólar al día implica crear una nueva agricultura que desarrolle cultivos comerciales, intensivos en mano de obra y métodos de producción capaces de optimizar los ingresos de las parcelas de media hectárea.

Jitomates de la estación de los monzones: ¿Un paradigma de la revolución en los ingresos de las microgranjas?

En la mayoría de los países en desarrollo, el precio del jitomate alcanza su nivel máximo en la estación de los monzones, cuando la humedad brinda condiciones ideales para que el moho y las enfermedades medren. El AVRDC[12] desarrolló un método rentable que permite a los pequeños agricultores cultivar jitomates en la estación de los monzones, cuando los precios están en su culmen.

Primero, el AVRDC injertó pies de jitomate en rizomas de berenjenas resistentes a enfermedades en el entorno controlado de pequeños invernaderos. Estas plantas se sembraron en arriates elevados bajo refugios de plástico contra la lluvia, que dirigían ésta a canales de escurrimiento entre los arriates. Un spray de hormonas, aplicado durante el periodo de florescencia, estimulaba la aparición de brotes. La técnica de cultivar jitomates en la estación de los monzones fue adaptada a las condiciones de Bangladesh por investigadores del Bangladesh Agriculture Research Center (BARC). Aunque hubo problemas técnicos en su comercialización y diseminación masiva en ese país, este método ofrece esperanzas para aumentar los ingresos que los pequeños agricultores pueden obtener de lotes minúsculos vendiendo jitomates a tres veces su precio normal. La IDE ayudó a sesenta y dos pequeños agricultores en las montañas de Nepal cerca de Pokhara a instalar refugios de plástico contra lluvias con armazón de bambú para cultivar jitomates en la estación de los monzones, regados después por sistemas de goteo de bajo costo. El costo total de instalación de un invernadero simple de cincuenta metros cuadrados más el sistema de goteo era de 125 dólares, y los campesinos obtenían 200 dólares al año en ingresos netos. Si estos resultados son sostenibles, un peón sin tierra con acceso a cien metros cuadrados de terreno y con crédito podría recibir nuevos ingresos de 400 dólares al año produciendo jitomates en la estación de los monzones intensivamente cultivados, rotados con otros cultivos de alto valor.

Cultivos de alto valor en los terrenos de los sin tierra

Pedí a los jefes de varios pueblos en áreas rurales de las montañas de Nepal y el oeste de la India que me presentaran a las dos familias sin tierra más pobres en cada pueblo. Me sorprendió saber que la falta funcional de tierra en las aldeas rurales de los países en de-

131

sarrollo es una ilusión. Prácticamente todas las familias "sin tierra" en áreas rurales de países en desarrollo tienen acceso funcional al menos a cien metros cuadrados de tierra cultivable provista por el terrateniente o la comunidad. Con un instrumental de goteo de tres dólares, unas cuantas semillas y a veces cierta instrucción en horticultura intensiva y mercadotecnia, pueden ganar sumas nada despreciables. Cuando sondeé a familias sin tierra que hacían justamente eso, me asombró su creatividad.

Muchas usaban el techo de su cabaña como extensión de sus terrenos. Una mujer con la que me entrevisté en una aldea tribal a dos horas de la ciudad de Indore, India, tenía tres papayos en su patio, y dos parras de calabaza se esparcían en el techo de paja de su casa. Sin embargo, ella los cultivaba únicamente para consumo de su familia. Jamás se le había ocurrido que disponía de espacio para diez papayos en lugar de tres y para cuatro parras de calabaza en vez de dos, y que podía obtener ingresos nuevos vendiendo parte de lo que producía. Toda la familia lavaba en un lugar designado del patio, y habría elevado fácilmente el rendimiento de sus cultivos vaciando el agua usada en lavar en la bolsa por gravedad de un sistema de goteo de tres dólares. Esta mujer podía empezar produciendo parras de calabaza amarga en el pequeño corral de sus animales. Si aprendía técnicas de polinización manual de los brotes de calabaza al aparecer en sus parras, podía duplicar su rendimiento. Y podía usar agua de abono u orina humana diluida para fertilizar sus cultivos.

¿Por qué no invertir en investigación agrícola seria para optimizar el enriquecimiento de la dieta y los ingresos que familias "sin tierra" en los países en desarrollo pueden generar en los lotes reducidos junto a su casa o en su azotea? Un primer paso lógico sería estudiar los cultivos y prácticas de agricultores sin tierra ejemplares que ya lo hacen. A esto podría seguirle el desarrollo de investigaciones y solares de prueba en granjas, y de un premio para la familia o equipo de investigación agrícola que pueda producir los mayores ingresos netos anuales en un tejado y un lote de cien metros cuadrados.

Fertilizantes para microgranjas

La mayoría de los agricultores de media hectárea en los países en desarrollo tienen acceso a algo de estiércol de vaca o búfalo, que aplican como capa de abono antes de sembrar sus cultivos. Muchos aplican después un poco de urea a sus granos, muy por debajo de la dosis recomendada. Cuando producen verduras, muchos no aplican ningún fertilizante más allá de la capa de abono inicial. Aplicar fertilizante accesible a lo largo del ciclo de cultivo mejoraría drásticamente el rendimiento y la calidad.

Es raro que los campesinos utilicen las atractivas opciones que tienen para aplicar al menos una reducida cantidad de fertilizante de bajo costo a sus frutas y verduras una vez a la semana a lo largo del ciclo de crecimiento. El empleo de estas opciones podría duplicar sus ingresos.

Si tienen uno o dos animales o acceso a un poco de estiércol con un vecino, pueden hacer agua de abono. Una bolsa de yute llena de excremento se sumerge en un bidón con agua y se deja reposar dos días. Al sacar la bolsa, el bidón contiene una solución concentrada de nutrientes para plantas, la cual debe diluirse con agua a razón de uno a diez para poder aplicarse a las plantas a mano o, mejor aún, mediante el tanque por gravedad de un sistema de goteo de tres dólares que la lleve directamente hasta las raíces de las plantas.

Quienes no tienen acceso a abono animal disponen de un método más simple y barato: el de que los miembros de la familia orinen por un embudo en un recipiente con tapón, añadan de cinco a diez partes de agua y apliquen la mezcla a sus plantas. La orina humana es estéril, salvo en raros casos de infección del aparato urinario. Un adulto promedio produce más de quinientos kilos de orina al año, con un contenido soluble de nitrógeno de 12% y de 3 a 5% de potasio y fósforo solubles. Esto equivale a quinientos kilos al año de un fertilizante 12-4-4 totalmente soluble. Cuatro miembros de la familia que recojan la mitad de su orina recolectarán más que suficiente para proveer nutrientes de base a una parcela de verduras de un octavo de hectárea.

Los campesinos aprenden rápido las prácticas óptimas de la fertilización. Un empleado de la IDE con bicicleta se convirtió en el equivalente de un agrónomo descalzo en las montañas de Nepal. En un pueblo remoto, impartió instrucción práctica a un grupo de ocho mujeres sin experiencia previa en el cultivo de verduras. Ellas terminaron por dominar estrategias avanzadas de fertilizantes y micronutrientes y se convirtieron en horticultoras de vanguardia en una sola temporada de cultivo.

Rotación de cultivos y gestión integral de plagas en lotes minúsculos

Adaptar los principios de la gestión integral de plagas (Integrated Pest Management, IPM) y la rotación de cultivos a parcelas de un octavo de hectárea requiere una transformación en la práctica agrícola, sustentada por nuevas investigaciones en agricultura. Pero aunque existen desafíos al adaptar estrategias agrícolas actuales a lotes diminutos, las microgranjas tienen pronto acceso a información local útil. Productores de verduras en solares pequeños en un pueblo de montaña en Nepal, en 2002, perdían la mayor parte de sus plantas de lechuga a causa de un insecto al que describieron como "grillo cortatallos". Ninguno de los plaguicidas recomendados por el distribuidor local de productos agroveterinarios dio resultado. Pero uno de los lugareños halló una solución que había sido útil uno o dos años antes en un pueblo vecino. Esta solución era tan simple como obvia. Los productores cortaron brazadas de pastos de tallo largo y los esparcieron en la parcela de lechuga. Los grillos no podían distinguir entre los tallos de lechuga y los de pasto, y las pérdidas del cultivo se redujeron a una porción razonable.

No es ningún misterio qué es lo que se necesita: un nuevo campo de investigación que aplique estrategias eficaces de rotación de cultivos y gestión integral de plagas a cultivos comerciales de alto valor e intensivos en mano de obra producidos en las microgranjas de los pequeños agricultores de los países en desarrollo.

Estas especies de cultivos comerciales generadores de nuevos ingresos y los métodos de producción para generarlos eficazmente permitirán a los agricultores que viven con un dólar al día obtener ingresos suficientes para incorporarse a la clase media. ¿Los campesinos dejarán sus parcelas al aumentar sus ingresos? Claro que podrían hacerlo. Si el hijo de un campesino se hace médico en la ciudad, ¿qué tiene de malo? Si un agricultor gana lo suficiente para dejar su granja y poner una pequeña tienda en la ciudad, ¡mejor para él! Si otro permanece en su granja porque le gusta y es el medio más efectivo para ganarse la vida, ¡magnífico! La prosperidad termina con el hambre y da a las familias rurales la libertad de elegir.

Pedaleando a gusto.

Tianguis de verduras en la India.

CREACIÓN DE MERCADOS CONCURRIDOS PARA CLIENTES POBRES

B ahadur y su familia necesitaban acceso a un distribuidor rural para conseguir buenas semillas de pepino, fertilizantes y un sistema de goteo de bajo costo para poder empezar a producir brazadas de verdes y rollizos pepinos. Cuando los pepinos estuvieron listos para cosecharse, la familia tuvo que determinar cómo y dónde podía obtener jugosas ganancias por su cultivo.

Podía alcanzar el mejor precio vendiendo directamente a los clientes en un puesto en el mercado de Mugling, por fortuna a sólo doce kilómetros de distancia, pero Padam Maya Magar Thapa, la primera esposa de Bahadur, tenía que dedicar un día entero a ello. O bien, podía vender su producto a vendedores ambulantes. Cuando se nos detuvo en el punto de inspección del ejército en Mugling, una niña de doce años cubierta con un vestido remendado intentó convencernos de comprar rebanadas de pepinos envueltas en toallas húmedas de papel. (No las compramos.) Luego supimos que se trataba de una de las vendedoras de Bahadur.

Otros vendedores ambulantes con carretillas de madera venden rebanadas de pepino en las ventanas de los autobuses en las paradas. Aunque se benefician de un margen de ganancia sustancial, tienen que comerse (literalmente) sus pérdidas, en forma de pepinos sobrantes al final de la jornada. La desventaja de tratar con los vendedores ambulantes es que implica mucho regateo, y a veces no se llega a ningún acuerdo.

Una tercera opción era vender a mayoristas en el mercado de Mugling, a precio fijo sin regateo. En sus camionetas pickup, los mayoristas vendían a su vez la mercancía en puestos a lo largo del camino o a minoristas en Katmandú. Pero el precio de mayoreo fluctuaba cada día, e incluso cada hora, así que, antes de llevar sus pepinos a los mayoristas de Mugling, la familia de Bahadur tenía que informarse sobre el precio.

Todo esto convirtió a Bahadur y su familia en activos participantes en el mercado.

137

Pequeños agricultores y los mercados
donde compran y venden

Todo el mundo participa en mercados. Como Bahadur y su familia, los pastores de yaks en las montañas nevadas de Nepal son empresarios que participan en mercados. Hacen una caminata anual a las ciudades y pueblos de los llanos de Tarai para intercambiar queso de yak, frutas secas y artesanías por la sal que necesitan para sobrevivir. Con frecuencia se les estafa en estas transacciones, porque no han pulido sus habilidades empresariales. Les haría falta práctica, tal vez comerciar todo el año, para ser negociadores más calificados.

Los pequeños agricultores de subsistencia de Camboya que compran un poco de nitrato de amonio como fertilizante y venden arroz excedente cuando tienen una buena cosecha, también participan en mercados. Los arroceros de una hectárea en el valle Gandaki de Nepal que viven a dos días del camino más cercano y producen un gengibre ahumado de calidad relativamente baja para el mercado de la India, participan en mercados, aunque no muy hábilmente. Podrían ganar más si conocieran mejor las normas de calidad de los comerciantes a los que venden su gengibre y si cambiaran sus prácticas agrícolas y de procesamiento para cumplir mejor esas normas.

Los miembros de tribus en las montañas del centro de Vietnam, carentes de lengua escrita y productores de arroz de temporal en las tierras altas —lo que les procura apenas la mitad de lo que sus familias necesitan para todo el año—, también son participantes en el mercado. Trabajan de sol a sol recolectando en el bosque parras verdes de ratán, que venden muy barato en la carretera a comerciantes astutos para poder comprar el arroz que les hace falta. Si se informaran del precio normal del ratán en la ciudad, conseguirían que se les pagara más. Si aprendieran a hacer muebles sencillos de ratán, ganarían más todavía.

Los diez millones de agricultores del África subsahariana que cargan agua en cubetas desde arroyos y estanques hasta sus diminutas parcelas de jitomates, chiles y cebollas —los que luego portan a las carreteras para venderlos a camioneros, quienes a su vez llevan las verduras a las ciudades—, participan en mercados. Si estos campesinos hallaran una forma más eficiente de conducir agua a sus cultivos, producirían y ganarían ocho veces más que hoy. Los mil doscientos alfareros de la barriada de Dharavi en Mumbai que hacen macetas y jarras, participan en mercados. Si hicieran cerámica de alta calidad y encontraran el modo de venderla a clientes prósperos, ganarían mucho más con su oficio.

Lamentablemente, los mercados donde quienes viven con un dólar al día son compradores y vendedores tienen más agujeros que un tonel de queso gruyer. La mayoría de los mercados de los países en desarrollo donde quienes viven con un dólar diario son compradores y vendedores rudimentarios, o están tan lejos que resultan inalcanzables, o no existen en absoluto. ¿Cómo podrían aumentar sus ingresos quienes viven con un dólar diario si no tienen acceso a mercados donde puedan comprar las herramientas que necesitan para producir algo de valor, lo mismo que a mercados donde puedan vender con ganancia lo que producen?

Mercados y empresarios: la madre de las relaciones simbióticas

Los empresarios crean riqueza explotando las ineficiencias de los mercados, y los mercados conservan su eficiencia aprovechando la actividad de los empresarios. La danza vivaz y siempre variable entre mercados y empresarios es lo que da vida a ambas actividades. La aniquilación de los empresarios en la Camboya de Pol Pot y en la Unión Soviética de Stalin demostró rotundamente lo que ocurre con mercados y naciones cuando los empresarios desaparecen. Pero hay una gran diferencia entre las interacciones de empresarios y mercados en los países ricos y las que tienen lugar en los países en desarrollo. Yo he tenido éxitos y fracasos como empresario en ambas esferas.

Oportunidades de nicho en mercados maduros

En la década de los ochenta, dos amigos míos y yo compramos un complejo de departamentos de cuarenta y cuatro unidades en Riverton, Wyoming. Debido al desplome del ramo del petróleo y gas, principal fuente de empleo en el área, el índice de desocupación de viviendas era de 40%, así que compramos esos departamentos a la mitad de su costo de construcción. Pocos departamentos de Riverton estaban amueblados, porque los caseros creían que eso atraía a inquilinos más confiables, menos propensos a mudarse. Sin embargo, la única fuente de empleo que llevaba nuevos inquilinos a la ciudad eran proyectos de construcción de seis meses, y esos trabajadores eventuales querían unidades amuebladas. Las ventas de garage de quienes se marchaban ofrecían magníficas oportunidades para comprar buenos muebles a precios aceptables, y nuestras unidades recién amuebladas redujeron rápidamente nuestro índice de desocupación a menos de 10%. Vendimos los departamentos dos años después, con ganancias sustanciales.

Identificar nichos y llenarlos es el pan de cada día de la interacción regular de mercados y empresarios. Pero es muy raro el visionario tenaz que, como Henry Ford, crea mercados nuevos y revolucionarios.

Un automóvil para trabajadores

Cuando Ford apareció en escena, treinta o cuarenta compañías automotrices producían y vendían autos por 2,200 dólares o más a playboys ricos. El sueño de Ford era fabricar un auto de 500 dólares para trabajadores. A fin de alcanzar esta meta, inventó la línea de montaje, destruyó el monopolio de los grandes fabricantes y organizó una red nacional de distribuidores respaldada por una mercadotecnia y promoción sagaz. Para bajar el precio, redujo en un tercio el peso de los autos. Una de sus citas sobre la reducción de costos se volvió famosa: "Elija a su gusto el color del Modelo T, siempre y cuando sea negro".

139

Ford apostó a que su compañía podía obtener grandes utilidades optando por el mercado de alto volumen y bajo margen de ganancia. Acertó de modo espectacular. En 1991, gracias a los extraordinarios avances logrados por Henry Ford, las ventas globales de automóviles rebasaron los cincuenta y cuatro millones de unidades.[1]

Más pequeño y más barato

Akio Norita, el dinámico director general de Sony, dijo: "Yo no atiendo mercados, ¡los creo!". Lo probó al pagar a RCA 25,000 dólares por los derechos de los radios de transistores, en un momento en que los clientes de los sistemas de alta fidelidad estaban convencidos de que el tamaño cuenta y dispuestos a pagar 1,000 o 2,000 dólares por un equipo de esa clase. En manos de Akio Norita, el sonido inicialmente metálico de los radios de transistores mejoró pronto, y éstos causaron una revolución duradera en la radio y el entretenimiento.

En una época en que las macrocomputadoras llenaban cuartos de universidades y costaban más de un millón de dólares, Jobs y Wozniak fabricaron una computadora apropiada para el escritorio de un estudiante y que costaba menos de 5,000 dólares, lo que desató una revolución de información que aún sigue en marcha.

El cambio revolucionario en los mercados suele basarse en grandes adelantos en accesibilidad y miniaturización, asociados con innovaciones en distribución y mercadotecnia.

Si miles de empresarios explotan nichos y uno o dos provocan revoluciones en mercados maduros, ¿cómo se manifiesta esto en los mercados para clientes pobres de países en desarrollo?

Por lo general, cuando en mercados de países en desarrollo se abren nichos, ningún empresario se apresura a llenarlos. Los mercados para clientes pobres en países en desarrollo ofrecen cientos de oportunidades como la que Henry Ford aprovechó pero en las que nadie repara. Hace veinticinco años numerosas personas me dijeron que si hubiera gran demanda de una herramienta accesible de riego de pequeñas parcelas, el mercado ya la habría satisfecho. Pero es raro que esto suceda en los mercados de países en desarrollo. Hoy existe una demanda insatisfecha de cientos de millones de herramientas accesibles de riego de pequeñas parcelas como bombas de pedal y sistemas de goteo de bajo costo, pero el mercado no hace nada, prácticamente inalterado por una innovación perturbadora.

¿Por qué los mercados de los países en desarrollo son tan ineficientes? ¿Por qué se les permite dormir tranquilamente, sin que los molesten los empresarios que por regla general perturban a los mercados ricos? ¿Por qué ejércitos de empresarios no explotan los miles de oportunidades disponibles como lo hacen en los mercados occidentales?

En seguida se listan algunos de los factores más obvios que contribuyen a la ineficiencia de los mercados en los países en desarrollo.

Por qué los mercados de los países en desarrollo operan tan mal

Falta de esperanza

Muchas personas se han acostumbrado tanto a ser pobres que han perdido la esperanza de que algo cambie. Un pueblo pobre que visité en una zona remota de Maharastra produce únicamente cultivos de subsistencia, con insignificante valor de mercado. Pero a doce kilómetros de ahí, un campesino emprendedor dispone de agua entubada de un pozo junto a un depósito del gobierno para regar cuarenta hectáreas de jitomate, y todas las mañanas llama por teléfono celular al menos a cuatro mercados, en busca del mejor precio. Yo fui a verlo con siete campesinos del pueblo pobre. Él aceptó enseñarles lo que sabía, pero ellos se resistieron a aprovechar la oportunidad. Listaron una letanía de obstáculos sumamente reales, pero parecían carecer de espíritu empresarial suficiente para vencerlos.

Mala visión

Paradójicamente, en los pueblos pobres la gente no suele tener ojos para ver las oportunidades frente a sus narices, a menudo porque hacerlo implicaría romper con expectativas culturales normativas.

En un pueblo tribal de la India, una mujer cargaba agua en cubetas desde la bomba de la comunidad hasta tres papayos junto a la alambrada que delimitaba su jardín, y hasta dos parras de calabaza que crecían en el techo de su casa. Cultivaba unos y otras con la única intención de comerlos. Tenía espacio para diez o doce papayos en la orilla de su jardín, y para cuatro parras de calabaza en su azotea, y con muy poco esfuerzo habría podido ganar dos mil quinientas rupias (50 dólares) vendiendo su excedente. Pero cuando le pregunté por qué no lo hacía, me contestó que jamás se le había ocurrido, y que no sabría cómo vender sus cultivos.

Ausencia de protección de la propiedad intelectual

Pronto nos enteramos en Bangladesh que si diseñábamos una herramienta nueva para pequeños agricultores, una de las mejores formas de saber si era buena consistía en lanzarla al mercado. Las copias de buenos productos aparecían en menos de dos semanas. Como se les copiaba tan rápido, ¿por qué los innovadores habrían de invertir tiempo y dinero en desarrollarlos?

Subsidios

Los subsidios, o la promesa de subsidios que nunca se materializan, suelen inhibir el surgimiento de mercados promisorios. Cinco años después de que empezamos a comer-

141

cializar masivamente las bombas de pedal en Bangladesh, el presidente Ershad anunció en plena temporada electoral que regalaría diez mil bombas de esa clase a agricultores de su distrito. Las ventas del sector privado en la región se interrumpieron de inmediato y fueron casi nulas durante un año, hasta que los agricultores comprendieron que sólo se darían mil o dos mil bombas de muy mala calidad. Los subsidios de 50% destinados a equipo para microgranjas invariablemente debilitan la adopción de nuevos métodos y productos antes que promoverla.

Corrupción

Muchos fabricantes privados de bombas manuales para la UNICEF han aprendido que su inversión más eficiente en mercadotecnia y distribución es sobornar a uno o dos agentes de compras del gobierno. Para un hombre de negocios en algunos países asiáticos, invertir 10,000 dólares para comprarle a su hijo un puesto en el gobierno que le reporte de por vida pagos bajo cuerda suele ser una manera más confiable de asegurar su futuro que invertir para que dirija una empresa que llene una necesidad insatisfecha del mercado.

Aislamiento

Los cinco mil habitantes de la ciudad de Jumla en las montañas de Nepal están a doce días de camino de la carretera más próxima. Aunque los pequeños agricultores aledaños producen excelentes manzanas, el costo de transportarlas al mercado de Katmandú es prohibitivo, lo mismo que el costo relativo de los utensilios básicos para el hogar, que llegan en pequeños aviones o sobre las espaldas de cargadores. El aislamiento de muchas de las familias rurales que ganan un dólar al día reduce su capacidad de interactuar productivamente con los mercados urbanos y periurbanos, en los que gran parte de sus proveedores y clientes naturales viven y hacen negocios.

Falta de información

Muchos pequeños agricultores de las áreas montañosas de Nepal gozan de condiciones ideales de clima y suelo para cultivar verduras fuera de temporada, pero creen imposible hacerlo, no están familiarizados con la horticultura intensiva y no tienen conocimiento de o acceso a irrigación por goteo de bajo costo, única manera en que pueden aprovechar efectivamente la limitada cantidad de agua de pequeños arroyos de que disponen en invierno o utilizar el excedente de los sistemas comunales de agua potable. Están desprovistos de información sobre precios y demanda de los mercados de Pokhara y el valle de Katmandú, donde podrían vender sus cultivos.

Acceso deficiente a crédito

La mayoría de los pequeños agricultores que viven con un dólar diario carecen de acceso al crédito que necesitan para comprar herramientas accesibles de irrigación e insumos agrícolas. Las instituciones de microcrédito tienen más probabilidades de abrir una oficina en áreas densamente pobladas, como barrios periurbanos, donde es más fácil alcanzar densidad crediticia y préstamos de más valor, acordes con la sustentabilidad económica organizacional. Es mucho menos probable que lo hagan en un área rural remota, donde sus clientes están muy dispersos y necesitan préstamos de 25 dólares antes que de ciento veinticinco. Las pequeñas empresas pertenecientes a cadenas de suministro rural del sector privado, como talleres que fabrican equipo de riego o negocios de procesamiento posterior a la cosecha, suelen tener dificultades para conseguir acceso a crédito.

Éstas son algunas de las razones más obvias de que los mercados de los países en desarrollo sean ineficientes. Pero aún hay mucho por conocer de estos mercados y lo que les impide ser eficaces. Será necesaria una serie de investigaciones de campo en las áreas urbanas y rurales donde los pobres son compradores y vendedores para saber por qué estos mercados operan de manera tan deficiente.

Creación de mercados para clientes pobres

La solución es crear mercados para clientes pobres. Cientos de mercados, comparables en tamaño e impacto al mercado masivo de automóviles y computadoras, están a la espera de ser descubiertos. Esto requerirá un ejército de empresarios, desde dueños de minúsculas empresas familiares de base hasta visionarios directores generales de organizaciones multinacionales dispuestos a hacer cambios radicales en el diseño y distribución de sus productos y servicios a fin de aprovechar grandes e inexplotadas oportunidades de atender a esa población descuidada, que constituye 90% de los clientes del mundo.

Los habitantes de barriadas se ganan la vida buscando empleos mal remunerados en una increíble variedad de empresas de barrio, desde talleres de costura de prendas de vestir hasta fábricas de alfarería, curtidurías, fábricas de sedales de exportación y cocinas de postres para hoteles de cinco estrellas. Lo único que comparten estas empresas es el bajo nivel de los salarios que en ellas ganan los habitantes de barriadas. Si los pequeños agricultores pueden utilizar su bajo costo laboral para producir cultivos comerciales, intensivos en mano de obra y de alto valor destinados a mercados de alta calidad, ¿por qué los habitantes de barriadas no podrían beneficiarse de oportunidades de subcontratación? ¿Por qué no podrían aprovechar su bajo índice salarial para producir bienes de alto valor y alto margen de ganancia, bienes hechos a mano que se venden a una suma mucho mayor de la que estos trabajadores ganan en el presente?

En vez de producir camisetas y saris baratos para el extremo inferior del mercado,

143

¿por qué las empresas de barriada que confeccionan ropa no podrían aprovechar internet y prácticas administrativas óptimas para producir trajes a la medida, sacos sport, vestidos y blusas de alta calidad para clientes ricos? ¿Por qué los alfareros de Dharavi no podrían producir y vender cerámica de alto valor en vez de jarras y macetas baratos, que enfrentan la feroz competencia de los plásticos de factura fabril? ¿Por qué las multinacionales farmacéuticas no podrían empezar a manufacturar y comercializar masivamente versiones de menor precio de sus marcas más exitosas en países como la India, y obtener abundantes ganancias?

Algo de esto ya ha comenzado a ocurrir. Talleres que hacían muebles de madera de bajo valor en Dharavi tallan ahora elegantes puertas de madera para hogares ricos en Mumbai. La mayoría de los fétidos tanques de curtido de primera etapa de pieles crudas en Dharavi se han reubicado ya, pero hoy los talleres de cuero del área producen bolsas de moda para las tiendas de París.

Un proceso paralelo se aplica a muchas personas que viven con un dólar diario en zonas rurales.

Creación de mercados para pequeños agricultores de un dólar al día

Lo mismo que para sus iguales en las barriadas urbanas, el camino a la nueva riqueza para los pequeños agricultores de países en desarrollo consiste en cultivar y vender, a quienes puedan comprarlos, productos de alto valor, intensivos en mano de obra, como frutas y verduras fuera de temporada. Pero hacer esto requiere la creación de mercados capaces de llevarles los insumos que necesitan para producir sus cultivos, así como de cadenas de valor capaces de llevar, a precios razonables, los bienes de los campesinos al mercado.

Creación de cadenas de suministro del sector privado para pequeños agricultores

Cuando, hace veintitrés años, empezamos a promover, en Bangladesh, las bombas de pedal, expertos en desarrollo nos dijeron que esas bombas nunca tendrían un impacto significativo, porque sólo podían regar un cuarto de hectárea. Millón y medio de bombas de pedal después, éstas regaban un total de trescientas mil hectáreas a una fracción del costo de un sistema convencional de diques y canales que haría lo mismo. Hay un inmenso potencial aún sin explotar en la comercialización dirigida a millones de campesinos. El motor para liberarlo es activar cadenas de suministro del sector privado.[2]

En el caso de las bombas de pedal, nosotros creamos una cadena de suministro del sector privado vigorizando a 75 fabricantes de pequeña escala, 2,000 o más distribuidores rurales y 3,000 perforadores de pozos, todos se ganaban la vida haciendo, vendiendo e instalando bombas de pedal a un precio justo no subsidiado de 25 dólares. A continuación aparecen los ocho pasos prácticos que dimos para lograrlo, derivados de un activo proceso de aprendizaje sobre cómo operaban los mercados rurales en Bangladesh.

Fabricante de bombas de pedal

Eliminar subsidios

En un periodo de dos años convencimos a organizaciones de desarrollo promotoras de bombas manuales de irrigación en Bangladesh de que eliminaran la mayoría de sus subsidios destinados a ayudar a pequeños agricultores a comprar e instalar bombas de pedal.

Reducir el costo

Mediante el suministro de tubos de PVC en lugar de tubos de hierro galvanizado para pozos tubulares, así como el ofrecimiento a pequeños agricultores de la opción de comprar bombas de pedal de tres niveles de calidad, comenzando por una bomba de bajo costo de dos años de duración que terminó por controlar 55% del mercado, dimos a los campesinos opciones compensatorias en accesibilidad.

Reclutar fabricantes de pequeña escala

Ofreciendo asistencia en mercadotecnia y cumplimiento de normas de calidad, reclutamos cuatro talleres de bajo volumen de empresarios que invirtieron en lo individual entre 500 y 2,000 dólares para integrarse al ramo de la producción de bombas de pedal. Al aumentar la demanda de estas bombas, entraron al mercado setenta y cinco fabricantes de pequeña escala, en su mayoría sin lazos directos con la IDE.

145

*Distribuidor rural
en Bangladesh*

Reclutar distribuidores rurales

Reclutamos a distribuidores rurales que ya vendían artículos como tubos de plástico o herramientas y que querían y podían invertir en un inventario de diez bombas de pedal. Cuando estos distribuidores lograron vender veinticinco bombas al año con un margen de 12%, ganaron lo suficiente para sostenerse. Al aumentar la demanda, más de dos mil distribuidores rurales entraron al mercado de bombas de pedal.

Capacitar perforadores de pozos

Dimos un curso de tres días, con diploma, para capacitar a tres mil individuos en perforación de pozos e instalación de bombas de pedal sin fugas, a fin de que se convirtieran en promotores de éstas en sus pueblos.

Abrir acceso a microcrédito

Nos asociamos con Grameen Bank, Brac, Proshika y otras instituciones de crédito bengalíes dispuestas a atender a grupos interesados en comprar bombas de pedal. Tan sólo el Grameen Bank otorgó créditos que permitieron a veinticinco mil miembros de su grupo comprar bombas a distribuidores asociados con él. Aun así, la mayor parte de los clientes de bombas de pedal carecieron de acceso a microcrédito.

146

Poner en marcha iniciativas de mercadotecnia y promoción

Para llevar a fabricantes, distribuidores y perforadores de pozos hasta los umbrales de volumen necesarios para que el producto fuera rentable, instituimos campañas de mercadotecnia y promoción que incluyeron:

1. Calendarios, folletos y carteles.

2. Trovadores. Contratamos a bandas itinerantes de cuatro miembros que compusieran una canción sobre la bomba de pedal y actuaran en mercados y ferias de agricultores, en los que se distribuían folletos que remitían con distribuidores a los posibles clientes.

3. Teatro. Contratamos a una compañía de actores itinerantes que dieran funciones al aire libre de una obra específicamente escrita para promover las bombas de pedal.

En un mercado rural en Bangladesh, trovadores entonan
una canción sobre las bombas de pedal

147

La trama de este largometraje exhibido en Bangladesh incluye un sistema con bomba de pedal

4. Cine. Produjimos una película de noventa minutos de duración en la que intervinieron famosos actores y actrices bengalíes y un director muy conocido. La bomba de pedal desempeñó un papel central en la trama. Haciendo uso de un generador y una pantalla, esta película se exhibió ante una audiencia rural de un millón de personas al año.

Instalar parcelas de demostración estratégicamente ubicadas

Instalamos parcelas de demostración en lugares visibles en las que, utilizando bombas de pedal, agricultores de verdad obtenían dinero de sus cultivos, y en las que los distribuidores podían hacer que posibles clientes se entrevistaran con agricultores de éxito.

Todos estos pasos corrieron a cargo de un equipo de empleados bengalíes, cuyas actividades de creación de mercados costaron ocho dólares más por bomba de pedal vendida, a 25 dólares. Debido a la ausencia de protección de la propiedad intelectual, este costo de mercadotecnia no pudo añadirse al precio de mercado, pero se cubrió con subvenciones de los gobiernos de Canadá y Suiza. Tales subvenciones subsidiaron la creación de mercados, no el costo por bomba para los agricultores.

Este método opera en forma igualmente satisfactoria en la creación de cadenas de suministro del sector privado que ofrezcan a los pequeños agricultores semillas, fertilizantes, herramientas de control de plagas y otros insumos.

148

Creación de mercados para los cultivos de pequeños agricultores

Tras cultivar con éxito trigo, arroz o maíz suficiente para alimentarse durante un año, la mayoría de las familias agrícolas sagaces que viven con un dólar diario acceden a dirigir su atención a la producción fuera de temporada de cultivos comerciales de alto valor destinados al mercado. Pero ¿cuáles de estos cultivos deben producir?

Decidir qué cultivos producir

Dado que es imposible predecir el valor de mercado futuro de un cultivo, el mejor modo de reducir el riesgo y ganar dinero de manera constante es producir cuatro o cinco cultivos de alto valor capaces de alcanzar sistemáticamente buenos precios en el mercado. La mejor opción es aplicar el método del capital de riesgo: si siembras cinco cultivos comerciales, podrías solventar tus gastos con uno, llegar al equilibrio o mejorar con el tercero y obtener grandes ganancias con el quinto.

Nosotros seguimos tres pasos prácticos para identificar los cuatro o cinco cultivos de alto valor por recomendar en cada zona agroclimática, área geográfica con clima y condiciones de mercado similares y con una población de cientos de miles y cuarenta millones de habitantes.

- *Entrevista con cincuenta agricultores ejemplares.* Pregúntales en qué ganaron más el año anterior. Así identificarás velozmente quince o más cultivos posibles en cada área.

- *Un rápido análisis de la probable demanda futura.* Entrevístate con comerciantes experimentados que se ganan la vida con cada uno de esos cultivos. Eliminarás de este modo los cultivos con demanda superficial o muy fluctuante, y reducirás tu lista a los cuatro o cinco con probable demanda futura sostenible.

- *Entrevista con expertos agrícolas regionales y gubernamentales y de bancos de datos.* Identifica uno o dos nuevos cultivos comerciales de alto valor que puedas añadir a tu lista.

En Maharastra, India, por ejemplo, la granada es uno de los cultivos que la IDE recomienda, porque se da bien ahí y puede satisfacer la gran demanda de los mercados de Delhi, así como la significativa demanda de exportación en Medio Oriente. Plátano dominico, berenjena, lima dulce y verduras fuera de temporada también son cultivos que se recomiendan en Maharastra. Claro que los pequeños agricultores toman la decisión última de qué cultivar. Puesto que el patrón de cultivos óptimos cambia cada año, lo importante es que los agricultores aprendan a seleccionar el mejor patrón de cultivos de alto valor, para lo que deben estudiar atentamente las tendencias de la demanda y las condiciones de producción.

149

Desmantelamiento de la barrera del transporte

Zambia es un buen ejemplo de cómo debilitar a empresas transportistas privadas de trayectos cortos. Hace unos años el gobierno de ese país implantó un sistema gratuito de transporte que pronto causó el cierre de pequeñas empresas rurales. Esta iniciativa se vino abajo porque el financiamiento se agotó, en tanto que una epidemia que afectaba el lomo del ganado dejó fuera de combate a miles de carretas tiradas por bueyes propiedad de campesinos. Cuando yo visité el lugar, en 2003, los pequeños agricultores con quienes me entrevisté pagaban un tercio de lo que obtenían de sus verduras por transportarlas unos kilómetros a la carretera más cercana, donde llegaban a acuerdos con camioneros para trasladarlas a un mercado urbano.

Para muchos grandes benefactores del desarrollo la solución es construir más caminos. Pero en numerosos sitios se puede esperar largo tiempo antes de que se tienda un camino hasta un pueblo remoto. Por supuesto que pueden ponerse en práctica opciones mucho menos costosas mientras un pueblo espera a que se construya un camino. Los remolques de motocultores chinos con cargas de mil kilogramos que suben y bajan por las montañas de Katmandú pueden operar en terreno agreste. Los empresarios de carretas tiradas por burros ganan mucho transportando todo tipo de cargas en Somalia y Tanzania. Miles de furgonetas similares a bicitaxis (o *rickshaws*), las cuales tiran de una plataforma en sustitución de un asiento, ejercen sus funciones en todo Bangladesh. Sería relativamente barato ejecutar un proyecto en la Zambia rural con cinco empresarios de remolques de motocicleta, cinco de remolques de motocultores chinos, cinco de carretas tiradas por burros y cinco de furgonetas tipo *rickshaw*, para ver cuáles son rentables y ayudarles después a expandirse. Pero no he encontrado aún un benefactor del desarrollo dispuesto a apoyar este plan.

Hacer montañas de un grano de arena

Para un proveedor de supermercados en África, es mucho más fácil realizar una sola escala en una plantación de quinientas hectáreas para recoger verduras, y hacer responsable a un solo agricultor del cumplimiento de las normas de calidad, que realizar mil escalas en granjas de media hectárea. Si los pequeños agricultores no idean una eficaz estrategia grupal de recolección y control de calidad, perderán en su competencia con las grandes granjas.

El dueño de una plantación privada de café de cuatrocientas hectáreas en Zambia, cuya maquinaria de procesamiento de café estaba subutilizada, contrató a cuarenta y cinco pequeños agricultores para que procesaran y comercializaran su café, con lo que los ingresos de ambas partes mejoraron. Si cuentan con administradores hábiles, a menudo las cooperativas agrícolas pueden llevar a cabo las mismas funciones.

Agregar valor cerca de la granja

Desde el principio de los tiempos, los campesinos se han quejado de que no se les paga lo suficiente. "Mira", dicen. "Me llevó cuatro meses producir una bolsa de jitomates como ésta, y ayer la vendí a cincuenta centavos de dólar. Hoy veo en venta la misma bolsa en el supermercado, a dos dólares. ¿Cómo puede ser que yo reciba cincuenta centavos por una labor de cuatro meses y el supermercado reciba dólar y medio en un día?".

Este agricultor podría conseguir parte de ese dólar y medio si realizara un poco de procesamiento de valor agregado o si se brincara a uno o dos intermediarios.

A veces un mínimo procesamiento descentralizado en el nivel de la granja puede ser más eficiente que las grandes procesadoras urbanas, pese al dogma de las economías de escala propuesto por muchos economistas. Los planificadores centrales de la Unión Soviética se percataron de que el costo de construcción de graneros por kilo de granos almacenados se reducía al crecer aquéllos, así que construyeron grandes graneros. Olvidaron que durante la temporada de cosecha de trigo llovía tanto que casi todos los caminos eran intransitables, y que pocos graneros grandes significaban trayectos más largos. El resultado fue que enormes pilas de granos se quedaban en los campos y se pudrían bajo la lluvia. De igual forma, pequeñas procesadoras rurales de valor agregado suelen ser más rentables que las grandes plantas urbanas, dejan más dinero en manos de los campesinos pobres productores de los cultivos por procesar, ofrecen nuevos empleos a los pobres en los pueblos e inducen positivos efectos multiplicadores del dinero que circula en la economía rural.

La mitad de las castañas recolectadas en bosques tropicales húmedos por los caucheros de Brasil se echan a perder durante el húmedo recorrido en barcaza, de dos semanas, a las grandes plantas procesadoras de Belem, en la desembocadura del Amazonas. En sociedad con la cooperativa de caucheros, la IDE diseñó un método para secar, pelar y empacar esas castañas en el centro de acopio en la selva. Al quitarles la cáscara, el menor desperdicio y la disminución de 75% en el peso de transporte más que compensaron las economías de escala de las grandes plantas urbanas. Una asociación con Cultural Survival, organización de antropólogos con sede en Boston, que concertó la venta de las castañas procesadas en su origen a Ben and Jerry's, también en Boston, ofreció a los caucheros un mejor precio. El procesamiento rural dio nuevas oportunidades de empleo a las familias de los caucheros, aumentó los ingresos de éstos por concepto de recolección de castañas y contribuyó a la preservación de la selva, porque dio poder a los caucheros, los más indicados para proteger el bosque tropical húmedo.

Hay cientos de oportunidades de agregación de valor en el nivel de los pueblos. Agricultores de Zambia cultivan pimiento rojo, lo deshidratan y lo venden a intermediarios, quienes lo transportan en camiones para venderlo en grandes plantas en Sudáfrica, donde se extraen esencias que contienen tintes vegetales rojos, en venta a precios altos en Europa. Del incienso y la mirra de los tiempos bíblicos a la lavanda y el limoncillo, grandes plantas

151

urbanas extraen de cultivos esencias que podrían producirse en microgranjas y venderse con altos márgenes de utilidad como ingredientes de perfumes y cosméticos, o en frascos de quince mililitros a seis dólares y hasta a practicantes de aromaterapia. El método centenario para extraer esencias es la destilación a vapor, mismo proceso que siempre han usado los contrabandistas para hacer licores. Es perfectamente factible diseñar unidades menudas y eficientes de destilación rural a vapor con un precio de 1,500 dólares, o de 5,000 las grandes. Esto atacaría los problemas tanto de agregación como de control de calidad que los pequeños productores suelen enfrentar, crearía una red de nuevas empresas rurales y llevaría más dinero a los bolsillos de pequeñas empresas agrícolas. Si en Zambia surgiera una red de unidades chicas de destilación rural de pimientos a vapor, la economía de esa industria cambiaría.

Cada pueblo pobre de un país en desarrollo haría bien en elaborar una lista de los cultivos del área con mayor nivel económico, y del procesamiento aplicado a ellos que agrega más valor. En relación con cada uno de esos cultivos, un rápido plan inicial de negocios identificará promisorias oportunidades de nicho en las que procesamiento rural de valor agregado podría ser competitivo en el mercado, a la manera del de las castañas. Pero para esto se requiere algo que la mayoría experimenta como un proceso de diseño contraintuitivo, pues pone primero la accesibilidad, la pequeñez y la agregación de valor en el nivel de la aldea, y busca oportunidades de mercado para competir con grandes plantas urbanas centralizadas.

Un número creciente de organizaciones de desarrollo son la mejor demostración de que crear mercados para aumentar el ingreso de los pobres del campo es práctico y factible.

TechnoServe crea mercados para productores de piña en Ghana

TechnoServe, organización internacional de desarrollo con sede en Ghana creadora de mercados contra la pobreza, puso en ejecución un programa para mejorar la calidad y volumen de producción de los cultivadores de piña en Ghana,[3] donde los pequeños agricultores producen en total sesenta y dos mil doscientas toneladas inglesas de piña al año. Esta iniciativa enlazó a la gran cantidad de pequeños agricultores de piñas orgánicas de ese país con mercados locales, regionales e internacionales, a fin de aumentar los ingresos de los agricultores y de comunidades enteras.

En respuesta a una solicitud presentada en 2002 por Athena Foods —compañía de Ghana que procesa piñas, jugos de cítricos y concentrados para mercados locales y de exportación—, TechnoServe vinculó rápidamente a esa empresa con trescientos once productores de piñas y cítricos orgánicos de pequeña escala, y los capacitó para satisfacer normas internacionales de calidad y producir la documentación necesaria para obtener certificación como orgánicos. Al cabo de un año, Athena había comprado a esos agricultores trescientas setenta toneladas métricas de naranjas y piñas, y vendido jugos orgánicos por valor de trescientos noventa y ocho mil dólares, lo que reportó 300 dólares a cada agricultor.[4] En 2003 TechnoServe ayudó a esta misma compañía a obtener un préstamo de 300,000 dólares para producir y vender jugos orgánicos en Europa y Estados Unidos por valor de un 1,159,170 dólares. Esto aumentó los ingresos de trescientos veintidós agricultores de pequeña escala en un promedio de 1,172 dólares, en un país donde el ingreso per cápita promedio es de 290 dólares.

Crear mercados para clientes pobres aumenta los ingresos que éstos derivan de la generación y comercialización de productos y servicios de alto valor, intensivos en mano de obra. Y los nuevos mercados dan resultados favorables adicionales. Poseen un potencial transformador en áreas tan diversas como salud, educación, transporte y vivienda.

Denme un mercado para que pueda ver

De acuerdo con la Organización Mundial de la Salud, mil millones de personas en el mundo entero necesitan anteojos pero no los tienen. Lentes para miopía o hipermetropía resolverían los problemas de la vista de 70 a 90% de ellas. Para un sastre en un pueblo montañoso de Nepal que ya no ve para coser, un par de anteojos accesibles hace la diferencia entre ganarse la vida y mendigar.

Es común que, a partir de los cuarenta años, se tengan dificultades para ver de cerca, afección llamada *presbicia*. Hoy es posible entrar a una farmacia en Denver o Amsterdam y seleccionar un par de lentes de ocho dólares que resolverán los problemas visuales. ¿Por qué no hacer una versión resistente de ese exhibidor a disposición de los mil millones de pobres en el mundo que necesitan anteojos?

Adaptive Eye Care, compañía del Reino Unido, se sirve de un invento de Joshua Silver, profesor de física de Oxford, para llevar anteojos autoajustables a personas que los necesitan.[5] La restricción en este caso es el costo: quince dólares en la actualidad, quizá diez dólares o menos por volumen, pero aun así fuera del alcance de quienes ganan menos de un dólar al día.

La organización estadunidense New Eyes for the Needy destinó trescientos cincuenta y cinco mil anteojos usados, donados y en buenas condiciones durante 2005-2006 a misiones médicas y organizaciones de beneficencia de países en desarrollo.[6] En este caso el problema es que regalar anteojos no es un plan que pueda ampliarse para llegar a más allá de una fracción mínima de los mil millones de personas que los necesitan.

En los últimos cinco años, Scojo Foundation —con sede en Nueva York— y sus socios han vendido cincuenta mil lentes, a precios de tres a cinco dólares, en la India, Bangladesh y El Salvador, y remitido a setenta mil personas con profesionales de la vista a través de una red de seiscientos empresarios de la visión, veintiséis socios de franquicias y varios mayoristas urbanos que distribuyen en farmacias y otros establecimientos minoristas. Esta organización espera vender un millón de unidades más en los próximos cinco años.

Graham Macmillan, director ejecutivo de Scojo, me comenta que un número asombroso de pequeños agricultores son clientes entusiastas de lentes accesibles, porque sin ellos no pueden leer las etiquetas de los paquetes de semillas. Algunos no saben qué cultivo sembraron hasta que empieza a crecer.[7]

Los esfuerzos combinados de Scojo, New Eyes for the Needy y Adaptive Eyecare han llegado a menos de 1% de los mil millones de pobres que necesitan lentes. El resto vive con problemas visuales graves, y paga un precio significativo en ingresos no percibidos por no ver bien. Esto es indignante, porque sería muy simple aprovechar los sencillos exhibidores con que ya se venden anteojos accesibles a millones de clientes ricos.

Se precisaría de entre 5 y 10 millones de dólares en capital de riesgo para establecer una compañía internacional que comprara un millón de anteojos en la China continental, en alrededor de cincuenta centavos la pieza, y diseñara exhibidores móviles resistentes y atractivos empujados por personas o tirados por bicicletas o motonetas en áreas pobres, tal vez en sociedad con grandes corporaciones, como Tata en la India, para desarrollar una eficaz estrategia global de distribución y mercadotecnia. La meta de esta compañía sería alcanzar ventas de cincuenta millones de unidades de dos dólares en cinco años, y obtener abundantes ganancias haciéndolo.

Los pequeños agricultores que viven con un dólar al día y sus equivalentes urbanos son ya tercos y obstinados empresarios de supervivencia, dispuestos a aprovechar las oportunidades del mercado si el precio es el indicado, el rendimiento es alto y el riesgo bajo. Pero necesitan cadenas de suministro del sector privado que los abastezcan de las herramientas, materiales e información requeridos para crear productos de alto valor, y cadenas de valor del sector privado que vendan con atractivas ganancias lo que ellos producen. Al aumentar sus ingresos, estos individuos se vuelven clientes de productos como anteojos, casas, iluminación solar, atención a la salud y educación accesibles. Nuevos mercados para clientes pobres ofrecerán oportunidades a los cientos de millones que viven con un dólar diario para salir de la pobreza. Pero se necesita una revolución en el diseño para crear la amplia gama de herramientas generadoras de ingresos que permitan dar ese paso.

Una barriada es un colmenar de empresas de base

BARRIADAS: INCUBADORA DE OPORTUNIDADES DE NUEVOS INGRESOS

Cuando tenía dieciocho años, una sequía asoló su pueblo, así que Samsuddin viajó de Tirukoyoor, en Tamil Nadu, a la casa de su tío en Bombay. Esperaba llegar a una residencia en la gran ciudad, pero en cambio se vio en medio de un pantano en la barriada de Dharavi.[1] Como muchos otros que emigran de su pueblo, buscaba trabajo para sobrevivir. Lo halló en el negocio de contrabando de arroz de su tío. El grano que llegaba de fuera pagaba impuestos, así que cada mañana Samsuddin, su tío Hassain y sus tres primos salían de la ciudad, compraban todo el arroz que podían cargar, a un costo de una rupia y catorce anas por libra, y atravesaban con él el pantano para venderlo en Kalyanwadi a diez rupias la libra.

Ése era un margen de ganancia sustancioso. Si cada contrabandista acarreaba veinticinco libras al día, esta pequeña empresa reportaba el equivalente a 25 dólares diarios, al tipo de cambio de la rupia de la década de los cincuenta, cantidad en absoluto despreciable. Quizá su tío no le pagaba mucho, pero comida y un lugar donde dormir eran todo para Samsuddin.

Cuando Hassain regresó a su pueblo y sus tres hijos emigraron a Paquistán en 1954-1955, Samsuddin encontró trabajo en una carbonera, donde le pagaban rupia y media al día. Dos años después consiguió un empleo mejor en una imprenta, en la que ganaba cincuenta y seis rupias al mes, el doble de su salario anterior. Luego de casarse, se mudó con su esposa a una casucha ilegal, sin electricidad ni agua, que compartían con otra familia.

Más tarde compró un cuarto legal de tres por cinco y medio metros, a cuatrocientos setenta y cinco rupias. Un día conoció a Hamid, quien sabía hacer el popular postre llamado *chiki*; Samsuddin le ayudó a buscar un lugar donde producirlo y aceptó llevarlo a tiendas y venderlo. Pronto descubrió que podía ganar veinticinco rupias al día vendiendo *chiki*, y dejó su trabajo regular. Con el tiempo, Samsuddin y su esposa aprendieron a hacer *chiki*, y cuando Hamid se mudó a Calcuta se quedaron con el negocio. Hacían *chiki* todo el día, lo envolvían en periódicos viejos y Samsuddin lo vendía en cines hasta las once de la noche.

La pareja llamó a su producto A-1 Chiki, adaptando creativamente el nombre de una famosa marca de goma de mascar, y el negocio despegó. Hoy, veinte trabajadores producen A-1 Chiki en dos cuartos sombríos, a cargo de un exempleado de Samsuddin, quien paga a éste derechos permanentes. A los setenta años de edad, Samsuddin vive en la torre de los Nagri Apartments en Dharavi. Tiene una sala lujosa, dos teléfonos, televisión y una vitrina llena de curiosidades. Sus dos hijos asistieron a la escuela y tienen sus negocios propios.

Dharavi es la barriada más grande de Asia, y cubre unas ciento ochenta hectáreas. Nadie sabe con exactitud cuántas personas viven ahí; las estimaciones van de uno a cinco millones. En Dharavi hay muchos casos asombrosos de éxito como el de Samsuddin, pero la mayoría de los pobres que llegan ahí desde sus pueblos tienen que hacer malabares para encontrar trabajo y ganan apenas lo suficiente para sobrevivir. La historia de Samsuddin ilustra el espíritu de empresa que genera, en barriadas de todo el mundo, justo los empleos que buscan quienes llegan en tropel de sus pueblos.

Krishna Bahadur Thapa y Samsuddin podrían haber sido gemelos. Si el padre de Bahadur hubiera perdido su granja cuando él era adolescente, quizá Bahadur habría tenido que ir a Katmandú a buscar la forma de sobrevivir en las calles. Y si Samsuddin no hubiera tenido la suerte de tener un tío que podía darle techo y empleo, tal vez habría terminado viviendo en la calle en Bombay, no en una choza de barriada; y como tantos otros que viven en la calle, habría pasado mucho tiempo ahí.

Las oficinas censales de los países en desarrollo no cuentan a quienes viven en la calle. SPARC, una ONG organizada por habitantes de barriadas, llevó a cabo, en 1985, el primer censo de gente que vive en la calle en Mumbai. Tan sólo en el área de Byculla se contabilizaron seis mil familias, equivalentes a cerca de veintisiete mil personas.[2]

Zenia Tata, colega mía en la IDE, creció en Bombay, la actual Mumbai, donde sus padres llevan viviendo treinta años en un departamento de un tercer piso. Ella me contó la historia de una familia de la calle que sus padres conocen desde hace veinticinco años, porque vive bajo su balcón. El señor y la señora están cojos, inmovilizados por la polio, y viven con su hijo de cinco años en un lugar originalmente dispuesto por los padres del señor. Éste se gana la vida vadeando el tránsito intenso junto a la banqueta donde vive, lavando parabrisas por veinticinco paisas (medio centavo de dólar). Ocasionalmente lava taxis en un sitio calle abajo. Su esposa, que anda con muletas, obtiene dinero enhebrando y vendiendo coronas de caléndulas.

La pareja y su hijo viven a la intemperie. Cuando llueve fuerte en la estación de los monzones, van a un parque cercano, donde amarran una lona a una cerca y fijan los lados con piedras. Cada mañana, ellos y otras personas de la calle levantan una pesada tapa de registro en un enorme canal de suministro de agua, y todos sacan agua con cuerdas y cubetas durante una o dos horas. Los señores de esta familia hacen sus necesidades en los sanitarios públicos del parque, mientras que su hijo se acuclilla en la alcantarilla junto a donde viven para defecar, a instancias de la madre. A su edad es difícil enseñarlo a usar el baño del parque.

La IDE y yo nos hemos concentrado hasta ahora en la pobreza en el campo. Pero me parece que los habitantes de barriadas pueden tener mayor acceso a empleos e ingresos haciendo y comercializando productos de alto valor, intensivos en mano de obra, justo como sus iguales en las microgranjas.

Durante siglos, los pobres del campo se han abalanzado a las ciudades en busca de trabajo cuando sus cultivos se frustran a causa de inundaciones y sequías o, peor aún, cuando pierden sus granjas. Muchos regresan a su pueblo si surgen empleos ahí. Si millones de agricultores que ganan un dólar al día hallaran la manera de aumentar sus ingresos como lo hicieron Bahadur y su familia, las proyecciones actuales de que en 2030 vivirán en ciudades dos mil millones de personas más[3] deberán alterarse radicalmente.

Barriadas y pueblos tienen en común algo más importante. Las barriadas cuentan con aún más empresas de base, de todas las formas y tamaños, que los pueblos donde los pobres pueden hallar trabajo e ingresos. Esta amplia variedad de grandes y pequeñas empresas brindan los empleos que atraen a los pobres que ya no pueden sobrevivir en su pueblo. Muchas de ellas operan en el filo de la legalidad o más allá.

Durante el periodo de ley seca en la India, Dharavi fue sede de grandes, poderosas y lucrativas operaciones de contrabando de licores, con todo y flotillas de vehículos de reparto que funcionaban bajo la útil supervisión de socios en la policía. Identifica una popular marca de jabón de lujo en la India, y encontrarás una versión idéntica en Dharavi a la quinta parte de su precio. Organizaciones multinacionales delegan a trabajadores eventuales la inspección, limpieza y retorno para su reutilización de sus barriles de plástico vacíos, que contuvieron de todo, desde aceite de cocina hasta productos químicos corrosivos. El hecho de que algunos hayan contenido productos químicos que podrían causar graves problemas de salud a los habitantes de barriadas que los limpian parece no tener importancia; si los trabajadores se quejan, es fácil remplazarlos. Al igual que los mercados ilegales para trabajadores migrantes en Estados Unidos, las empresas bajo cuerda en Dharavi desempeñan un papel vital en la economía india.

Cada centímetro cuadrado en Dharavi se usa en alguna actividad productiva.[4] Según un cálculo aproximado de sus residentes, cada día circulan en Dharavi alrededor de cincuenta millones de rupias (un millón de dólares). Una encuesta realizada en 1986 por la National Slum Dwellers Federation identificó ahí mil cuarenta y cuatro operaciones manufactureras, sin contar muchas pequeñas operaciones en casas y buhardillas.

Esa misma encuesta reportó doscientos cuarenta y cuatro fábricas de pequeña escala, cada una de las cuales empleaba entre cinco y diez personas, y cuarenta y tres grandes industrias, incluida una compañía internacional que hacía sedales para mercados occidentales y una fábrica grande que copiaba una popular marca de pasta de dientes. También se identificaron ciento cincuenta y dos negocios de alimentos preparados, servidos algunos de ellos en restaurantes de cinco estrellas de Mumbai; ciento once restaurantes, setecientos veintidós unidades de desecho y reciclamiento, ochenta y cinco empresas que hacían productos de exportación y veinticinco panaderías. La mayor parte de las grandes curtidurías se han ido de Dharavi, junto con sus fétidos procesos, pero elaboradores de artículos de

159

piel para exportación siguen ahí, y aún operan fumaderos de opio. Las empresas de base funcionan en barriadas sin tener que prestar mucha atención a leyes de trabajo infantil o reglamentos de seguridad laboral.

Las empresas de base en barriadas alrededor del mundo donde muchos se ganan la vida —llamadas "empresas del sector informal" por la ONU y funcionarios gubernamentales— operan sin licencia, no pagan impuestos y aparecen y desaparecen como bocanadas de humo, pero resuelven importantes necesidades no satisfechas por el sector formal. En cada ciudad de los países en desarrollo, vendedores itinerantes sin licencia que viven en casuchas de paracaidistas en barriadas venden un sinfín de bienes y servicios: dulces, alimentos preparados, plátanos, camisetas, flores, utensilios para el hogar, cortes de pelo, baratijas y servicios de lavandería. Como los trabajadores migrantes de México en Estados Unidos y los contrabandistas de licores en tiempos de la ley seca, estas empresas de base sin licencia sobreviven a menudo *porque* operan bajo la línea reguladora, no a pesar de ello.

Las barriadas no sólo brindan empleos en las empresas informales que operan en ellas. También ofrecen vivienda de bajo costo cerca de trabajos de limpieza disponibles en la ciudad. Dado el hacinamiento de las barriadas, en ellas es más fácil recolectar productos como ropa cosida en casa de lo que resulta recolectar verduras en granjas dispersas.

El crecimiento de barriadas como Dharavi en los últimos quince años no tiene precedente. En 1990 había en todo el mundo cerca de setecientos quince millones de habitantes de barriadas. En 2000, esa población había aumentado a novecientos doce millones, y es de aproximadamente novecientos noventa y ocho millones hoy en día. En las regiones en desarrollo, vive en barriadas 43% de la población urbana. UN-HABITAT[5] estima que, de continuar las tendencias actuales, la población de las barriadas llegará en 2020 a mil cuatrocientos millones de personas. No todos los habitantes de barriadas y gente de la calle ganan menos de un dólar al día, pero es probable que cerca de trescientos a cuatrocientos millones de ellos sobrevivan con menos de un dólar diario.

De los 2.3 millones de residentes de Nairobi, 1.4 millones viven en más de cien comunidades de barriadas y paracaidistas dispersas en esa ciudad y sus alrededores, las que ocupan 5% de su área residencial. El África subsahariana aloja la mayor proporción de población urbana que vive en barriadas (71.9%); a ciento sesenta y seis millones de personas, de una población urbana total de doscientos treinta y un millones, se les clasifica como habitantes de barriadas.[6]

El sector informal desempeña un papel importante no sólo en las ciudades, sino también en las economías nacionales de los países en desarrollo. En África, el sector informal da cuenta de alrededor de 20% del PIB y emplea a 60% de la fuerza de trabajo urbana. En Filipinas da cuenta de 36% del empleo en áreas urbanas, y en Dhaka, Bangladesh, de 63%. El sector informal ofrece entre 60 y 67% del empleo en Guatemala, El Salvador, Honduras, Costa Rica y Nicaragua.[7]

Oportunidades de salir de la pobreza para habitantes de barriadas y personas de la calle

El Grupo de Trabajo para Mejorar la Vida de los Habitantes de Barriadas, del Proyecto del Milenio de la ONU, fijó como su primera prioridad ofrecer a esas personas mejor vivienda, atención a la salud, educación, transporte y acceso a agua potable y baños. Ese grupo estima que tales mejoras en salud, educación, vivienda e infraestructura para cien millones de habitantes de barriadas costarán cerca de 70,000 millones de dólares en quince años.[8] Pero aunque en su informe este grupo reconoce la importancia del empleo, y de las empresas informales y familiares que lo proporcionan, tiene poco que ofrecer bajo la forma de nuevos planes de acción para aumentar y mejorar el nivel salarial de dichos empleos.

Todas esas cosas son importantes; pero si no hay dinero suficiente para atacarlas al mismo tiempo, ¿cuál sería un método razonable para fijar prioridades? Si los habitantes de barriadas estuvieran a cargo de mejorar sus condiciones, ¿qué prioridades establecerían?

El hecho de que los pobres se arracimen en barriadas y sigan viviendo en ellas es la formulación más clara de cuáles son sus prioridades. ¿Por qué los habitantes de barriadas toleran tener que compartir un baño sucio con ochocientas personas, caminar media hora para hallar un recipiente con agua potable y vivir en chozas primitivas y atestadas? Tras considerarlo todo, si no dispusieran de fuentes de ingresos quizá tendrían mejores oportunidades de sobrevivencia en su pueblo que en las barriadas.

La respuesta es simple. Viven en barriadas, y a la intemperie en la calle de ser preciso, porque necesitan empleos e ingresos para sobrevivir, y han tomado la decisión racional de que tienen más probabilidades de encontrarlos en la ciudad que en su pueblo. Miles de empresas de base informales prosperan en barriadas y necesitan trabajadores. Aun si pagan una miseria, eso es mejor que nada, pues permite sobrevivir y mantener abierta la posibilidad de que la vida cambie, como la de Samsuddin.

El hecho de que empleos e ingresos son el principal incentivo para quienes viven en barriadas parece haber tenido poco impacto en las acciones de la mayoría de las organizaciones dedicadas a mejorar la vida de los habitantes de barriadas. Ellas ven las abrumadoras necesidades de agua, drenaje, vivienda, educación y salud y concentran sus esfuerzos en la provisión de los servicios faltantes. El Grupo de Trabajo para Mejorar la Vida de los Habitantes de Barriadas de la ONU dirige su atención a iniciativas para remediar las terribles condiciones de vivienda, inseguridad de tenencia, agua y drenaje de las barriadas, y para prestar servicios cruciales como salud y educación, pero dice poco o nada sobre cómo mejorar modelos de negocios, métodos de mercadotecnia y rentabilidad última de las empresas de base, decisivos para la sobrevivencia y bienestar de los habitantes de barriadas. Pero si más empleos y salarios más altos son tan importantes para ellos, ¿no tiene sentido priorizar el empleo para esas personas y el incremento de los ingresos que pueden obtener mejorando la rentabilidad de sus pequeños negocios?

La dirección de todo esto no es sorpresiva. La principal prioridad de los habitantes de barriadas es aumentar los ingresos que perciben operando o trabajando en empresas de base. La ruta más directa a más empleos e ingresos para los habitantes de barriadas y las personas de la calle es ayudar a las empresas de base en las que se ganan la vida a ampliar los mercados de sus productos y servicios y a incrementar así su rentabilidad.

El primer paso es identificar cómo pueden las empresas de barrio competir eficazmente en el mercado global. Esto tampoco es de sorprender. Lo mismo que sus iguales en las pequeñas empresas agrícolas, dado que estos empresarios que viven en barriadas pueden aprovechar su acceso al índice salarial más bajo del mundo, pueden reclamar legítimamente para su sector el título de "la madre de la subcontratación".

Empresas alfareras de barrio en Dharavi son un buen ejemplo de ello. Janjibhai M. Kamalia, de cuarenta y cinco años de edad, es miembro activo de Kumbharwada, comunidad de alfareros en Dharavi. Ha vivido ahí cuarenta años, y no piensa marcharse. Vive con su esposa y tres hijos en un piso que da a su taller, ocupado por su hermano y su familia y que cuenta además con un espacio de almacenamiento para las piezas fabricadas.[9] Su espacio habitacional y laboral suma un total de treinta y cinco metros cuadrados. Janjibhai se levanta al amanecer a hacer vasijas, y tiene trabajadores que le ayudan a encender los hornos de arcilla donde más tarde cuece sus piezas. Ya avanzada la tarde, las lleva a clientes en Mumbai. Hace y vende macetas y jarras de agua. Ismaelbhai y su hijo operan otro pequeño negocio de alfarería en Dharavi. Luego de trabajar cuatro horas cada mañana, cuecen un centenar de jardineras grandes y las venden a un comerciante a muy bajo precio.

Mil doscientas familias de Gujarat viven en Kumbharwada, y más de ochocientas se ganan la vida usando tornos tradicionales para producir jarras de agua y macetas ordinarias de barro y cocer sus vasijas en hornos de arcilla que funcionan con todo, desde leña hasta llantas, lo que provoca una peste terrible. La mayoría de estos alfareros ganan menos de un dólar al día, aunque algunos de los más emprendedores y talentosos ganan cuatro o cinco y tienen hijos con título universitario y un buen empleo. ¿La creación de mercados podría acabar con la pobreza de Janibhai Kamalia y sus vecinos?

En el verano de 2006, mi esposa y yo disfrutamos mucho una atractiva exposición de vasijas romanas y etruscas en el Legion of Honor Museum de San Francisco. Me sorprendió ver réplicas de ellas en la tienda del museo, a precios de entre 25 y 200 dólares.

¿Por qué no podría capacitarse a los alfareros de Dharavi para crear réplicas a mano de vasijas romanas y etruscas, y obtenerse la ayuda de empresarios experimentados para establecer una red de mercadotecnia y distribución en tiendas de museos? ¿Sería posible vender algunas de esas hermosas réplicas a mano en internet, con una leyenda manuscrita sobre el artesano de barrio que la hizo? ¿Esto no ofrecería a la larga un rendimiento mucho mayor del trabajo de bajo costo de alfareros de barrio que vender jarras de agua y macetas en el extremo inferior del mercado, donde compiten con recipientes de plástico fabricados en serie?

¿Un empresario hábil con contactos en museos no podría poner un negocio contratando a alfareros de Dharavi y otras barriadas de todo el mundo para que hagan réplicas artesanales de piezas de museos? Hablé con Ron Riverce, de Potters for Peace, y me dijo que ya está al tanto de cómo se pueden fabricar esas réplicas y capacitar a alfareros de barrio para hacerlas.

Este mismo proceso se aplicaría al diseño, producción y comercialización de muchos otros productos artesanales de cerámica de alto valor tras un cuidadoso análisis de la demanda, usando métodos como el análisis de subsectores.[10]

Que este enfoque de la alfarería es algo más que un sueño ya fue demostrado por Leeia Borda, quien en 1977 visitó una barriada en Jaipur, India, e inició un proceso de capacitación de alfareros de barrio para hacer nuevos diseños de cerámica azul, artesanía de origen turco-persa que se ha convertido ya en una línea de productos distintiva de Jaipur y que distribuye Neerja International, compañía fundada por Leeia Borda y sus socios. En asociación con Paul Comar, comprador francés, Leeia ha desarrollado cientos de nuevos productos de uso práctico pero que conservan la identidad de la cerámica azul. Neerja International da empleo a más de ciento cincuenta alfareros.

Me he servido del ejemplo de las comunidades de alfareros en casi todas las barriadas del mundo sólo para explicar lo que quiero decir, pero hay miles de ejemplos más. En vez de hacer camisetas y saris para vender en el extremo inferior del mercado, ¿por qué empresas confeccionadoras de ropa en barriadas no podrían relacionarse con una compañía internacional vendedora de trajes, vestidos y camisas de calidad a la medida a prósperos clientes de Europa, Estados Unidos y Japón, con todo y realistas imágenes tridimensionales de cómo luce la ropa en el cliente, creadas a partir de fotografías transmitidas por internet? ¿Por qué no podría hacerse esto con productos de barriadas como bolsas de piel, cinturones, hebillas y zapatos a la medida?

Esto podría requerir, desde luego, dar los mismos pasos básicos necesarios para que una empresa tenga éxito, los mismos pasos que millones de agricultores de un dólar diario ya dan para salir de la pobreza.

1. Creación de cadenas de suministro del sector privado para ofrecer, a precio razonable, materiales, herramientas, diseños y capacitación a empresas de barrio que elaboran réplicas a mano de piezas de museos, bufandas de seda fina, bolsas para París, puertas talladas a mano o muchos otros productos de alto valor, intensivos en mano de obra, fabricados por residentes de barriadas.

2. Creación de cadenas de valor del sector privado que comercialicen los productos de residentes de barriadas y garanticen el cumplimiento de las normas de calidad.

3. Acceso a crédito.

4. Acceso a clientes prósperos que puedan y quieran adquirir los productos y servicios de alto valor generados por trabajadores de barriadas.

Si con esta estrategia los alfareros de Dharavi triplicaran sus ingresos en un periodo de tres años, mejorarían tanto su vivienda como su acceso a agua y drenaje. Esto no eliminaría la necesidad de mejorar la infraestructura básica y la seguridad de posesión de viviendas de los habitantes de barriadas. Pero sería un comienzo importante, impulsado por el poder económico, rápidamente creciente, de esas personas.

Esto no es un sueño; ya ha empezado a ocurrir. Los ebanistas de Dharavi, por ejemplo, trabajan ahora haciendo puertas de madera tallada de alta calidad para los ricos. Residentes de Paraisópolis, la segunda mayor barriada de São Paulo, Brasil, ya cambian su vida reciclando jeans y telas para Recicla Jeans, empresa que emplea a treinta mujeres. Nadia Rubio Bachi, fundadora de Reclicla Jeans, participó en un desfile de modas en Madrid, y ahora su compañía exporta sus productos de moda a Líbano, Portugal, España e Italia.[11]

¿Esto suena conocido? Las instituciones de desarrollo han alentado a los ochocientos millones de personas que se ganan la vida en empresas de base centradas en microgranjas a mejorar sus campos de arroz, trigo, maíz y otros cultivos de subsistencia. Aunque conceden alta prioridad a producir lo suficiente para comer, estas familias de microgranjas jamás crearán riqueza suficiente para salir de la pobreza vendiendo su arroz, trigo y maíz excedentes, con un valor relativamente bajo en el mercado. Pero pueden obtener ingresos nuevos, de al menos 500 dólares al año, produciendo, fuera de temporada, cultivos no mecanizados y de alto valor como frutas, verduras y hierbas.

Justo este mismo tipo de proceso puede aplicarse al mejoramiento de los ingresos que los habitantes de barriadas pueden percibir trabajando en empresas de barrio.

Algunas actividades que siguen este proceso ya están en marcha. Para ampliarlas rápido y convertirlas en un alud de oportunidades de negocios creadoras de riqueza, hace falta un nuevo movimiento que aproveche la energía de exitosos líderes de negocios motivados a influir en el mundo y de corporaciones familiarizadas con las demandas de los mercados de alta calidad y la forma de acceder a ellos. Necesitamos nada menos que una nueva generación de empresas de éxito que vinculen la mano de obra de bajo costo de los residentes de barriadas con mercados de alta calidad del mundo entero, donde puedan vender sus productos y servicios con ganancia razonable.

Esto no remediará las condiciones de vivienda, drenaje y agua con las que los residentes de barriadas deben lidiar día a día. Pero dará a estas personas nuevo poder económico para transformar las condiciones de sus barrios y unir fuerzas con movimientos constructivos promovidos por empresas internacionales, benefactores, gobiernos y ONG de base, todos los cuales actúan en pro del mejoramiento de la vida de los habitantes de barriadas.

Cambia a una persona y podrás cambiar el mundo

LA POBREZA Y EL PLANETA

Cuando Krishna Bahadur Thapa y su familia pudieron obtener 500 dólares al año en nuevos ingresos, y luego mil, invirtieron en mejoras en su nutrición, salud, vivienda, educación y cultivos, las mismas cosas cuya falta muchos expertos en desarrollo consideran las causas de fondo de la pobreza. Por ejemplo, aunque Padam Magar y Sumitra Magar, las dos esposas de Bahadur, siguen siendo analfabetas, sus dos hijos terminaron la preparatoria, y los cuatro nietos de la familia seguirán yendo a la escuela cuanto quieran. La familia ha construido una magnífica casa nueva de dos pisos, que costó 2,100 dólares e incluye un granero de cemento para almacenar arroz. Ha comprado un poco más de un cuarto de hectárea, donde cultiva naranjas; ampliado a media hectárea su producción invernal de verduras irrigadas, e invertido en vacas, búfalos, cabras y pececillos tilapia.

Éste es el patrón usual de la mayoría de los pequeños agricultores cuando son capaces de elevar sus ingresos. Invierten en muchas de las cosas que los expertos en desarrollo creen importantes, pero lo hacen siguiendo sus propias prioridades. Dado que ya están en mejor posición para pagar cosas como uniformes escolares y medicinas, pueden hacer mejor uso de servicios públicos como clínicas y escuelas. Gracias a la mayor influencia que resulta de tener más dinero, están en mejores condiciones para insistir ante las autoridades en que la escuela del pueblo necesita un maestro que sepa leer y escribir, y en que una clínica cercana debe surtirse con medicinas suficientes para que no se agoten en uno o dos meses.

La pobreza y el planeta

Acabar con la pobreza es probablemente el primer y más importante paso para restaurar el equilibrio natural del planeta. Quizá cada quien tenga una lista diferente de los mayores retos que enfrentará nuestro planeta en los próximos cincuenta años.

- *Si el cambio climático provocado por las emisiones de carbono encabeza tu lista,* considera el impacto del crecimiento de la población en las emisiones de carbono, y el de la pobreza extrema en el crecimiento demográfico. Cada persona de los tres mil millones más en la Tierra, en 2050, necesitará alimentos, para producir y trans-

167

portar los cuales se precisará de energía con la que mover tractores, bombas de riego y el sistema que los conducirá al mercado. Prácticamente todos esos tres mil millones de personas más se ubicarán en países pobres en desarrollo, donde privan los índices más altos de crecimiento de la población, comenzando por el África subsahariana.

Una de las principales razones de que los índices de crecimiento de la población sean tan altos en las áreas rurales de los países en desarrollo es que las familias grandes poseen valor de sobrevivencia para los campesinos. Una familia con una granja de media hectárea en Bangladesh necesita tres hijos para salir adelante: uno para que ayude en la granja, otro que reciba una educación sólida a fin de conseguir un empleo en el gobierno que dé para sostener a la familia con pequeños sobornos y otro más con un empleo local para pagar los estudios del hermano destinado al gobierno. Pero terminar con tres hijos significa tener ocho bebés, dos de los cuales probablemente morirán antes de los cinco años, lo que deja tres hijos y tres hijas.

Si para 2020 pudiera sacarse de la pobreza a seiscientos millones de personas que viven con un dólar al día, es probable que la población global se estabilice en siete mil millones en vez de los nueve mil millones que hoy se proyectan, y que las emisiones de carbono disminuyan vertiginosamente.

- *Si la pérdida de biodiversidad encabeza tu lista,* considera el hecho de que la mayor parte de la biodiversidad del planeta se concentra en las veintiún regiones clave del mundo donde los ambientalistas condensan sus esfuerzos para crear reservas naturales. Pero las especies que ellos tratan de proteger las cazan y comen los pobres que viven junto y dentro de las recién creadas reservas naturales. Ofrecer opciones atractivas a la necesidad de cazar de esta gente, que generen ingresos para terminar con la pobreza, es una de las estrategias prácticas más efectivas para mantener la biodiversidad en el planeta.

- *Si crees que la pandemia global de* VIH/*sida, paludismo, tuberculosis y otras enfermedades graves es uno de los mayores retos a la viabilidad futura del planeta,* considera la evidencia de que la pobreza es el factor que más contribuye a la mala salud. Numerosos estudios han reportado una alta correlación entre pobreza y frecuencia de una extensa gama de enfermedades mentales y físicas.[1] La frecuente exposición a grandes crisis de la vida, como la muerte de un ser querido o la pérdida del empleo, aumenta los índices de enfermedades,[2] y los pobres experimentan crisis mucho más severas que los ricos. Millones de muy pobres en África padecen paludismo, tuberculosis o VIH/sida y no tienen dinero para que se les diagnostique en forma adecuada o para pagar el tratamiento apropiado. La angustia que percibí en la voz de un campesino viudo en la India con tres hijos pequeños cuando me contó que su esposa había muerto de pulmonía porque no pudo comprarle medicinas no es algo poco común, por desgracia. Yo admití hace veinticinco años que la mayor contribución que podía hacer al mejoramiento de la salud era buscar formas prácticas para acabar con la pobreza. Éste fue un factor destacado entre los que me llevaron a fundar la IDE.

- *Si piensas que el reto más importante es ofrecer acceso equitativo a la educación,* considera el hecho de que los pobres tienen por sistema un nivel educativo mucho menor que los ricos. Los muy pobres en áreas rurales de países en desarrollo necesitan a sus hijos en casa para que les ayuden en la granja, y carecen de dinero para pagar libros, uniformes y colegiaturas modestas.

La pobreza está estrechamente vinculada con los grandes desafíos que el planeta Tierra enfrentará en los próximos cincuenta años, y con las fuerzas que desestabilizan el equilibrio natural.

Es evidente que se necesitan fondos públicos para atacar muchos de estos problemas. Pero si se tiene éxito en la erradicación de la pobreza, ¿qué contribución harían los pobres a la solución de los grandes retos que encara el planeta?

La prosperidad de las microgranjas frente al calentamiento global, el crecimiento de la población, la biodiversidad, la salud y la educación

La nueva riqueza de Krishna Bahadur Thapa y su familia deja una muy leve huella de carbono en el planeta. El agua que ellos usan para regar sus cultivos corre por gravedad a través de tubos hasta sus campos. Producen prácticamente todos los alimentos que consumen, eliminando así el uso de energía requerido por el transporte de esos bienes. Parte de su ahorro de energía se neutraliza con el mayor empleo de fertilizantes químicos, los cuales precisan de energía para ser producidos y transportados a la granja. Los sistemas de irrigación por goteo y aspersores que Bahadur y los suyos utilizan para dotar de agua a sus cultivos hacen el más eficiente uso de sus limitados recursos hidráulicos. La familia se echa los cultivos a la espalda en el breve trecho hasta el centro de recolección comunal, desde donde compradores los transportan con razonable eficiencia en carretadas reducidas. Ha instalado una estufa más eficiente, y ahora tiene lámparas eléctricas y un pequeño televisor, lo que eleva ligeramente su consumo de energía. La distancia del campo a la mesa, y de sus búfalos al mercado de leche, es admirablemente corta.

Cuando la mayoría de las familias en un pueblo muy pobre se vuelven más prósperas, su acción e influencia colectivas empiezan a dejarse sentir en formas positivas. Cuando

169

treinta familias en un pueblo mantienen más tiempo a sus hijos en la escuela, pagan colegiaturas modestas y empiezan a pagar impuestos, tenderán a presionar para que se contrate a un maestro mejor preparado, con lo que la calidad de la educación de sus hijos mejorará.

Prosperidad de los pequeños agricultores y garantía de alimentos

Las familias pobres con ingresos nuevos invierten rutinariamente parte de ellos en incrementar su capacidad de producción de alimentos, y compran los que necesitan para eliminar el periodo de hambre de uno o dos meses que la mayoría experimentaba cada año antes de elevar sus ingresos. También mejoran su dieta todo el año. En lugar de, si hay suerte, unos trozos de carne o pescado una vez al mes, por lo regular producen o compran carne y pescado para su consumo, que complementan con leche de cabra o búfalo y huevos de un par de gallinas. La mayoría de estas familias aumentan sus ingresos cultivando frutas y verduras, y comen siempre aquellas que no pueden vender, añadiendo minerales y vitaminas a su dieta. La ceguera en los hijos de familias pobres debida a deficiencia de vitamina A desaparece cuando la familia empieza a consumir verduras amarillas o anaranjadas. Una mejor nutrición fortalece el sistema inmunitario y reduce los índices de enfermedades.

Agua y drenaje

En 1996 viví una semana en un pueblo de Nepal. Ninguna familia tenía letrina. Pero todas tenían perros, y cuando uno hacía sus necesidades detrás de un arbusto, llegaba uno de ellos y se las comía. Tres de nosotros tomábamos una taza de té en un salón junto a un sendero en las montañas de Nepal cuando la hija de nuestra anfitriona, una niña de dos años que no traía pañales, hizo popó justo a un lado de nuestra mesa. Impertérrita, la madre llamó de inmediato al perro, quien consumió diligentemente el producto. Este tipo de cosas son menos la excepción que la regla en los pueblos pobres. La comunidad del desarrollo brinda letrinas gratis, que por lo general llegan pronto a un estado deplorable, porque nadie las limpia. Cuando la IDE activó talleres privados en Vietnam para ofrecer a clientes rurales letrinas accesibles y atractivas y la gente empezó a comprarlas a un precio no subsidiado, los expertos en agua y drenaje se asombraron. Que los pobres estuvieran dispuestos a pagar sus letrinas era un concepto radical en el campo del desarrollo. Gran número de familias que viven con un dólar al día quieren y pueden, especialmente después de aumentar sus ingresos, adquirir bombas manuales y letrinas a un precio justo sin subsidio.

La mayoría de los pobres están ahora bien informados sobre las ventajas de tener una fuente de agua limpia en el hogar, y dispuestos a invertir en ella si pueden conseguirla a bajo costo. Pero los expertos en agua y drenaje del mundo entero nunca han concedido alta prioridad a bombas manuales y sistemas de agua limpia al alcance de las familias pobres, aun si aumentan sus ingresos. En Vietnam, cuando la IDE pudo reducir a la mitad el precio de una útil bomba manual de agua de superficie de la UNICEF y activó al sector privado para distribuirla, ochenta mil familias la instalaron, y dado que muchas de esas bombas también eran usadas por vecinos, el agua potable quedó a disposición de dos millones de personas.[3]

Sistemas de agua potable de usos múltiples[4]

La familia de Bahadur empleaba una sola fuente de agua tanto para riego como para uso doméstico, lo cual es muy común. Muchas familias en la descampada región nepalesa de Tarai usan bombas de pedal para regar sus verduras y para contar con agua potable en su casa. Sesenta comunidades en áreas montañosas de Nepal ya han instalado sistemas de agua entubada de bajo costo que conducen agua por gravedad a través de tubos desde manatiales y arroyos limpios, lo mismo para uso doméstico que para riego por goteo. Los cultivos comerciales irrigados por goteo generan ingresos suficientes para pagar el sistema, y las cuotas modestas que paga cada hogar con acceso a agua potable cubren los costos de operación y mantenimiento del sistema, administrado por un comité de usuarios. Esto abre la posibilidad de que muchos nuevos sistemas de agua para hogares rurales sean económicamente sostenibles, aprovechando los ingresos que generan los cultivos comerciales regados por goteo u otros usos productivos del agua de esos sistemas.

Salud

Tan pronto como se dan cuenta de que beber agua sucia causa diarrea, con efectos potencialmente letales en niños y de pérdida de trabajo e ingresos, las familias pobres utilizan sus ingresos nuevos para invertir en una fuente de agua limpia de uso doméstico. Quizá ya hayan invertido en una accesible bomba de riego, que si está cerca de la casa también sirve como fuente para el hogar. De no costar mucho, la familia instala un pozo y una bomba manual, y ofrece agua a sus vecinos. Si no dispone de pozo pero sí de un filtro de agua accesible, lo compra y lo usa. Si tiene acceso a letrinas de bajo costo acordes con sus necesidades, invierte en una. Cuando uno de sus miembros se enferma, puede ir a una clínica y comprar medicinas, y hacerlo en una etapa mucho más temprana del avance del padecimiento.

Educación

Cuando la familia de Bahadur incrementó sus ingresos, su nivel educativo aumentó. Las dos esposas de Bahadur siguen siendo analfabetas, pero sus dos hijos terminaron la preparatoria, al igual que sus respectivas esposas, y sus hijos permanecerán en la escuela tanto como deseen. La mayoría de los niños del campo en países como Nepal y Zambia dejan de ir a la escuela después del quinto grado porque su familia no tiene siquiera el poco dinero requerido para comprar libros y uniformes, y porque se les necesita en casa para

171

ayudar en las labores agrícolas. Pero si la mitad de las familias de un pueblo mantienen a sus hijos en la escuela después del quinto grado, como la de Bahadur con sus nietos, el pago de colegiaturas se elevará, y quizá sea posible atraer a un maestro más calificado; en muchas escuelas de pueblos pobres, los maestros tienen escasa instrucción.

Transporte

Muchos pueblos pobres cuentan con caminos apenas transitables, o ninguno en absoluto, lo que limita el acceso a mercados donde los pequeños agricultores vendan lo que producen. Los lugareños podrían hacerse viejos esperando a que el gobierno construya un camino. Pero hay opciones de transporte accesibles. La que más usan los pobres son sus pies. Todos los campesinos que conozco son capaces de acomodar en su cabeza un cesto de mimbre con veinte kilos de berenjenas y llevarlo a un mercado comunal. Me he entrevistado con cargadores en Nepal que, con sólo sandalias en los pies, cargan cien kilos sobre su espalda durante seis días por senderos tan empinados que en países occidentales equivaldrían a escalar una montaña.

En Somalia ayudamos a herreros refugiados a fabricar quinientas carretas tiradas por burros aptas para transportar media tonelada inglesa de madera o agua por toscos caminos de terracería. Estas carretas, montadas en soportes automotrices usados, eran compradas a crédito por otros refugiados a un precio de 450 dólares, y pronto empezaron a generar ingresos netos de 200 dólares mensuales por concepto de acarreo de agua, madera y alimentos rempaquetados. En Katmandú, motocultores chinos de diesel de 7.5 caballos de fuerza, importados sin impuestos como equipo agrícola, tiran de remolques con cargas de una tonelada inglesa de lo que sea, desde personas hasta carbón, por calles muy accidentadas. En Vietnam filmé armazones de bambú colgados cual andamios de pintores a ambos lados del cuadro de bicicletas reforzadas que cargaban hasta cuatrocientos kilos de ladrillos, mientras los dueños empujaban la carga inclinándose sobre una sólida barra de bambú atada al poste del asiento. Estos cargadores en bicicleta ayudaron a ganar la guerra de Vietnam llevando provisiones por la ruta Ho Chi Minh, y tienen enorme potencial en las áreas rurales porque pueden operar en veredas de fila india. Por alguna razón, no obstante, nunca he visto a cargadores de bicicletas con armazones de bambú fuera de Vietnam. En Bangladesh he visto remolques con plataforma de madera empujados por dos o tres cargadores que transportan inmensos toros blancos por sacrificar a Eid. Al parecer, los dos o tres kilos que el toro podría perder andando son más valiosos que los servicios de tres cargadores para empujarlo regiamente sentado en un remolque. Luego están las motocicletas con y sin remolque que llevan verduras, cerdos y todo tipo de cargamentos por toda Camboya. Aun los muy pobres pueden permitirse los pocos centavos que cuesta usar un *rickshaw* en Bangladesh, en los que transportan refrigeradores y toda suerte de bienes voluminosos, demasiado grandes o incómodos para portarlos en la espalda.

Las personas que sobreviven con menos de un dólar al día van a todas partes caminando, ocasionalmente usan un *rickshaw* para cargas pesadas y toman camiones para cubrir distancias más largas cuando, por ejemplo, viajan a la ciudad a buscar trabajo. Al aumentar sus ingresos, muchos pequeños agricultores compran una bicicleta usada, y de seguir prosperando invierten en un buey y una carreta y prestan servicios de transporte. Una carreta tirada por un buey o un remolque de bicicleta se convierte en una importante fuente de ingresos cuando se emplea para llevar al mercado cultivos de alto valor o para trasladar insumos a la granja. Los servicios de transporte pueden ser entonces una fuente de ingresos significativa.

Vivienda

Gobiernos y organizaciones de desarrollo han lanzado numerosas iniciativas de vivienda, pero las casas subsidiadas suelen ser demasiado caras para familias que subsisten con un dólar diario; y si se les dona, como a veces ocurre, no hay dinero suficiente para construir más que una fracción mínima de las que se necesitan. Sin embargo, cuando los pobres aumentan sus ingresos, con frecuencia invierten en mejoras domésticas, como el remplazo de un techo de paja por uno de lámina corrugada sin goteras. Otros rehacen sus pisos de tierra y arcilla. Otros más construyen una pequeña cocina en el patio, para que las hornillas no recalienten en el verano el área principal de la vivienda. Algunos erigen una casa más permanente que la morada común de adobe y carrizo con techo de paja. Es probable que esta casa tenga valor de mercado y como garantía, pero construirla puede llevar diez o veinte años, en partes de veinticinco ladrillos cada una. Al seguir elevándose los ingresos agrícolas, la construcción de la casa puede acelerarse, y una vez completado el primer módulo, su valor como garantía puede ayudar a construir más rápido un segundo y tercer módulo.

Energía

Cuando Bahadur y su familia aumentaron sus ingresos, pronto compraron dos búfalos, que ahora producen ingresos sustanciales en leche. Usan uno de ellos para arar su media hectárea de arroz junto al río, pero piden prestados siete más a sus vecinos, y la yunta de ocho puede arar un campo entero en un día. Los vecinos pueden utilizar entonces el búfalo de los Thapa para preparar la siembra de sus campos de arroz. La nueva casa de Bahadur cuenta con electricidad, pero la mayoría de sus vecinos no pueden permitírsela. El agua para riego y potable que emplea la familia fluye por gravedad a través de tubos desde arroyos, y la cercanía de un camino pavimentado en el que circulan autobuses simplifica sus necesidades de transporte. En todos estos aspectos, Bahadur y su familia son más afortunados que la mayoría de los campesinos pobres.

173

Después de la segunda guerra mundial, el programa del gobierno estadunidense Rural Electrification Administration (REA) puso la electricidad a disposición del sur rural, lo que estimuló el desarrollo económico de la región. Pero más de mil millones de personas en áreas rurales pobres de países en desarrollo jamás se conectarán a la red eléctrica. La mayor parte de ellas son pequeños agricultores como Krishna Bahadur Thapa, quienes necesitan energía todos los días para extraer agua, cultivar sus campos, cocinar, transportar cultivos e insumos, realizar algún procesamiento de valor agregado y alumbrar su casa al oscurecer. La fuerza humana es su principal fuente de energía, junto con velas, petróleo y lámparas de baterías para iluminar y leña para cocinar. Estas personas gastan de tres a cinco dólares al mes en petróleo para sus lámparas, así como en baterías y velas.

Toda una gama de tecnologías nuevas, accesibles y disponibles puede aumentar el consumo de energía de los pequeños agricultores y hacerlo más eficiente. Para la iluminación doméstica, lámparas solares con tres veces la intensidad luminosa de las de petróleo se consiguen ya a doce dólares, con un plazo de recuperación de menos de seis meses gracias al ahorro en petróleo, velas y baterías; y al aumentar los ingresos de las microgranjas, pronto será posible invertir en un sistema solar doméstico de 50 dólares que alumbre cuatro habitaciones y haga funcionar un radio y una televisión en blanco y negro.

Las bombas de pedal son un modo de uso de la fuerza humana para riego mucho más eficiente que las cubetas con cuerdas, y los accesibles sistemas de irrigación por goteo ahorran energía en la extracción de agua al reducir la cantidad necesaria para cultivar. Estufas que consumen menos de la mitad de la leña que el método de las tres piedras ya pueden conseguirse por cinco dólares, y los pobres han adquirido cientos de miles de ellas. Pronto podrá disponerse de gasificadores de bajo costo para el hogar, aún más eficientes y que dejan carbón susceptible de ser vendido tras cocinar una comida familiar.

El consumo de energía de la mayoría de los pequeños agricultores deja una huella en el planeta mucho más tenue que la de las grandes plantaciones. La fuerza humana y animal para extraer agua y sembrar quema energía renovable en forma de granos y forraje, en tanto que las bombas y tractores mecanizados de uso en las grandes granjas consumen diesel, y es probable que un agricultor que emplea sus piernas para extraer agua sea mucho más sensato en el uso de ésta que un vecino que enciende una bomba eléctrica accionando un interruptor. Una carreta tirada por bueyes funciona con forraje, forma renovable de energía. Una camioneta pickup quema gasolina.

La principal contribución de los mayores ingresos de las microgranjas mediante la producción de cultivos comerciales es la reducción de emisiones de carbono, al acortarse la cadena de transporte del campo a la mesa. Los campesinos pobres suelen padecer un déficit alimenticio que tiende a convertirse en hambre en tiempos de sequía o inundaciones, lo que requiere gran cantidad de ayuda en alimentos por transportar a largas distancias. Cuando las microgranjas incrementan sus ingresos produciendo cultivos comerciales, pueden hacer rendir más los cultivos de subsistencia que siembran, y cubrir cualquier déficit comprando los alimentos que necesitan en grandes granjas vecinas productoras de granos. Esto compensa con creces el ligero incremento en energía de transporte que supone llevar al mercado sus frutas y verduras.

Terminar con la pobreza no bastará para atacar todos los déficit que hoy padecen los pobres en acceso a salud, educación, transporte, agua, drenaje, vivienda y servicios de energía. Pero contribuirá muy significativamente a resolver cada uno de esos problemas. Al abordar la causa de fondo del rápido crecimiento de la población y asistir en la búsqueda de soluciones a otras causas de fondo de la pobreza, ayudar a salir de ella a millones de personas permitirá hallar soluciones prácticas a muchos de los retos clave que el planeta enfrentará en los próximos cincuenta años. Nada ilustra mejor esto que la experiencia de Krishna Bahadur Thapa y su familia.

Saliendo de la pobreza en Zambia

Acciones para terminar con la pobreza

Benefactores del desarrollo, corporaciones multinacionales, universidades, institutos de investigación agrícola y de riego, gente común de todo el mundo y, antes que nada, los pobres mismos tendrán que adoptar nuevas formas de pensar acerca de la pobreza y nuevas maneras de actuar para acabar con ella.

Qué puedes hacer tú

Escribí este libro para revolucionar nuestra manera de pensar sobre la pobreza y de actuar al respecto. Esta revolución empieza por ti.

Muchas veces me han preguntado si las soluciones prácticas a la pobreza recogidas en este libro pueden aplicarse también a la pobreza en Estados Unidos. ¡Claro que sí! En la región de la nación navajo en que confluyen las fronteras de Colorado, Arizona y Nuevo México, el Bureau of Indian Affairs (BIA) gasta millones de dólares cada tantos años rehabilitando un canal que proporciona agua de riego a ochocientas familias navajas pobres. Muchas de estas familias viven de prestaciones sociales y usan esa preciosa agua para producir pastos para sus ponys.

Pero yo conozco a un empresario navajo que trabaja para el BIA y que produce, procesa y empaca maíz cocido al vapor, así como diversos productos de maíz con valor cultural. Los vende a clientes navajos en todo Estados Unidos. Conozco de igual forma a otros cuatro o cinco empresarios agrícolas navajos como él. ¿Por qué estos exitosos empresarios navajos no podrían servir de modelo a cientos de navajos que emplean irrigación por goteo de bajo costo y horticultura intensiva para crear y comercializar una amplia variedad de productos agrícolas de marca, alto valor e importancia cultural? ¿Y por qué los interesados en las culturas indígenas americanas no podrían ayudar a que emerja algo como esto?

Cuando visité San Luis Valley, el área rural más pobre de Colorado, me enteré de que sus papas, uno de los cultivos de mayor importancia económica entre los que se producen ahí, eran embarcadas a Texas, donde se les rempaquetaba en bolsas de dos kilos y cuarto antes de devolverlas a las tiendas de abarrotes de San Luis Valley y venderlas con un margen de ganancia decoroso. Sin embargo, los productos con mayor margen eran las papas a la

177

francesa y las rizadas empacadas y congeladas, que volvían de Texas a cafeterías y restaurantes de San Luis Valley. ¿Por qué no formar empresas rurales locales que procesen las papas propias y las conviertan en papas rizadas y a la francesa congeladas, y que las vendan a restaurantes locales? El ahorro en transporte compensaría con creces las "economías de escala" de las grandes plantas procesadoras de Texas. Puesto que en San Luis Valley también se produce mucha canola, ¿por qué no usar expulsores de aceite de bajo costo para producir una marca local de aceite de canola para tiendas naturistas locales?

En la *Introducción* conté la historia de lo que aprendí después de pasar una tarde con Joe, un individuo sin techo que vivía bajo una zona de carga junto a los depósitos del ferrocarril en Denver. La mayoría de nosotros topamos con personas sin hogar todos los días, y es lógico que desviemos la mirada. Pero muchas de esas personas tienen una historia interesante que contar, y sería muy sencillo pedir al personal del refugio de desamparados más cercano que nos presentara a uno o dos de ellos demasiado callados o tímidos para ser mendigos. Prácticamente todos los sin techo tienen dificultades para hallar un lugar seguro donde guardar sus cosas. ¿Qué tanto podría costar buscar un edificio desocupado en un área frecuentada por personas sin hogar donde algunas de ellas, empresarias naturales, operaran un negocio seguro de casilleros para otros desamparados?

Éstos son ejemplos de las cosas prácticas que tú puedes hacer, así vivas en Estados Unidos, Canadá, Europa o donde sea, para ayudar a resolver el problema de la pobreza en tu país. Pero como quizá ya hayas advertido para este momento, el proceso de resolución de problemas que he descrito en este libro se aplica a muchos otros problemas importantes del mundo aparte de la pobreza. La solución práctica a gran número de los mayores problemas sociales del mundo consiste en ir adonde está la acción, escuchar a las personas que tienen el problema y enterarse de todo lo que hay que saber sobre el contexto local del problema.

Cosas prácticas que puedes hacer

1. Si este libro te gustó, dalo a leer a otras diez personas y aliéntalas a actuar en consecuencia.

2. Deja de compadecer a los pobres.

3. Conoce lo mejor posible a los pobres de tu barrio, sus problemas específicos y el contexto específico en que viven y trabajan.

4. Infórmate sobre las realidades de la pobreza global y sobre lo que puede hacerse al respecto.

5. Invierte en negocios viables para clientes pobres.

6. Aporta tiempo y dinero a organizaciones que muestren impactos específicos y ampliables, y pídeles cuentas del tiempo o dinero que les das.

Qué pueden hacer los pobres para terminar con su pobreza

1. Tener esperanza.

2. Estar dispuestos a correr riesgos calculados.

3. No depender demasiado del consejo de expertos.

4. Estar alertas a nuevas ideas y oportunidades.

5. Ser aún más emprendedores de lo que ya son.

6. Ser generosos en la instrucción de profesionales del desarrollo acerca de lo que deben saber para ser más eficaces.

Qué pueden hacer los benefactores para terminar con la pobreza

Hay dos graves errores en la forma en que los benefactores actuales reparten los fondos que invierten en iniciativas de erradicación de la pobreza.

1. Ochenta por ciento de esos fondos pasan directamente por los gobiernos de países en desarrollo, y esto sencillamente no ha funcionado.

2. Los benefectores del desarrollo no insisten en que cada inversión produzca impactos positivos mensurables y en que estos impactos puedan ampliarse para llegar a millones de personas.

Inversiones bilaterales y multilaterales

La ayuda oficial total para el desarrollo rebasó los 100 mil millones de dólares en 2005,[1] 80% de los cuales se destinaron a los gobiernos de países en desarrollo en calidad de ayuda bilateral o multilateral. Según el Banco Mundial, 12% del financiamiento para el desarrollo se entregó a través de organizaciones no gubernamentales (ong) en vez de gobiernos.

Destinar financiamiento a través de los gobiernos de países en desarrollo es tan habitual en el ámbito de la ayuda internacional que ya nadie parece notarlo, y mucho menos cuestionarlo. La idea en la que se basa esta política parece ser muy razonable. Para el gobierno de un país pobre, fortalecer su capacidad de planear y ejecutar proyectos es tan importante como construir caminos, escuelas y hospitales clave. Por desgracia, este enfoque sencillamente no ha funcionado, y parte del financiamiento entregado por medio de ONG tampoco ha producido impactos positivos mensurables.

El hecho de que grandes benefactores como el Programa de las Naciones Unidas para el Desarrollo (PNUD) sólo puedan ofrecer financiamiento a través de los gobiernos de los países receptores crea a veces limitaciones desmesuradas. Por ejemplo, la iniciativa Metas de Desarrollo del Milenio de la ONU se ve impedida de realizar proyectos de financiamiento en Myanmar a causa de que el gobierno de esta nación no cumple las normas de buen gobierno de la ONU. Esto significa que el número rápidamente creciente de personas muy pobres en pueblos remotos de Myanmar, con escasa o nula influencia en la decisión de quién gobierna su país, está oficialmente excluido de la ayuda de la ONU.

La solución a este dilema es tan difícil de poner en práctica como fácil de visualizar. ¡Invertir la proporción actual! Insistir en que 80% de las inversiones actuales de benefactores del desarrollo fluyan directamente a las poblaciones rurales y barriadas urbanas donde los pobres se ganan la vida y sueñan en un futuro mejor, y que 20% pase por los gobiernos de los países en desarrollo.

Por qué se malgastan los fondos bilaterales y multilaterales

Cuando Joseph Mobutu abandonó Zaire luego de treinta años de ejercer un gobierno despótico, su patrimonio neto equivalía a la deuda nacional de su país. Pero pese a la atención que recibe, la corrupción no es el motivo más importante de que muchos de los proyectos que pasan por los gobiernos de los países pobres no den resultado. La razón principal es que el gobierno y sus amigos usan su influencia para destinar el dinero a proyectos de gran interés para ellos pero sin impacto discernible en los graves problemas que su país enfrenta. Los muy pobres tienen poca influencia política, así que no es de sorprender que los magnos proyectos de desarrollo no les ayuden gran cosa.

El gobierno de Mobutu fue capaz de obtener financiamiento de múltiples benefactores para el tendido de una línea de energía eléctrica de mil millones de dólares en Zaire, descrita así por la revista *Time*:

> Entre los proyectos de desarrollo de Mobutu estaba la inmensa tarea de represar el río Zaire y construir una línea de energía eléctrica de mil setecientos cincuenta kilómetros de longitud a Shaba, región productora de cobre, a un costo total estimado en mil millones de dólares. Ocho meses después de tendida esa línea en 1981, la corriente se suspendió. Resulta que la provincia de Shaba es autosuficiente en electricidad. Dice un diplomático occidental: "Si alguna vez hubo un elefante blanco, es éste. Zaire necesita este programa tanto como un submarino nuclear."[2]

180

Sin duda Mobutu y sus amigos cosecharon abundantes recompensas al desviar a sus bolsillos los fondos de este proyecto, y pudieron dejar la responsabilidad de pagar los préstamos a sus sucesores, quienes seguramente solicitarán una nueva ronda internacional de condonación de deuda cuando los créditos se venzan.

Aunque la línea de energía eléctrica de Mobutu podría ser un ejemplo extremo de lo inútil que es dirigir fondos mediante los gobiernos de los países pobres, el impacto último de numerosos proyectos multilaterales y bilaterales no es mucho más halagüeño. En Nepal, por ejemplo, tanto el proyecto Chapakot Tar, favorito del departamento oficial de irrigación, como el enorme proyecto hidroeléctrico Arun III fueron abortados luego de que ya se habían gastado millones de dólares en ellos, debido a que el gobierno y sus influyentes amigos, quienes apoyaron esos proyectos por interés propio, nunca examinaron con realismo ni el costo excesivo de tales proyectos ni sus opciones descentralizadas, más rentables y más efectivas desde el punto de vista ambiental. De igual manera, en África se han gastado cientos de millones de dólares de fondos bilaterales y multilaterales en grandes y costosos sistemas de irrigación respaldados por gobiernos y sus influyentes amigos, sin que se haya intentado indagar seriamente acerca de pequeños sistemas de irrigación mucho más accesibles y rentables, con gran relevancia tanto para terminar con la pobreza de las familias rurales que viven con un dólar diario como para estimular el crecimiento rural en la mayoría de los países africanos.

Por todas estas razones, ya es tiempo de invertir la proporción del destino de los fondos de desarrollo: 80% o más de estos fondos debe invertirse directamente en el nivel de base, en iniciativas con impactos mensurables centrados en el aumento de los ingresos de los muy pobres, y el 20% restante a través de los gobiernos de los países en desarrollo para realizar mejoras de infraestructura. Los fondos que sigan fluyendo hacia gobiernos podrían condicionarse a resultados comprobables específicos, como apoyo público a servicios de salud, educación, transporte, energía y demás elementos clave de infraestructura, cruciales para el soporte de las familias pobres.

Dado que muchos de los ciento ochenta y nueve gobiernos que han suscrito las Metas de Desarrollo del Milenio son de países en desarrollo, y ya que tales gobiernos tienen poderosos vínculos con líderes de instituciones de crédito y benefactores clave del desarrollo, es probable que invertir esa proporción sea sumamente difícil. Un cambio tan descomunal podría requerir una nueva generación de instituciones de crédito y desarrollo menos atadas a los gobiernos de los países en desarrollo y sus poderosos patrocinadores. Pero para poder tener la esperanza de dar soluciones prácticas a la pobreza extrema, un cambio descomunal es justo lo que se necesita.

Condicionar el financiamiento a impactos y ampliabilidad mensurables

La Bill and Melinda Gates Foundation tiene dos reglas para financiar un proyecto, cada una de las cuales constituye una condición muy útil.

1. Por promisorio que parezca un proyecto, si sus impactos mensurables no pueden definirse y alcanzarse, esa fundación no invertirá en él.

2. Si se define el impacto alcanzable de un proyecto, la Gates Foundation de todas maneras no invertirá en él si ese impacto no puede ampliarse para cubrir a un gran número de personas.

Si todos los benefactores del desarrollo insistieran en impactos y ampliabilidad mensurables por cada centavo de los mil millones de dólares que cada año invierten en iniciativas de desarrollo, los resultados obtenidos por sus iniciativas de erradicación de la pobreza mejorarían drásticamente.

Qué pueden hacer las multinacionales para terminar con la pobreza

Las corporaciones multinacionales pueden hacer contribuciones espectaculares al fin de la pobreza, y al mismo tiempo a sus ganancias definitivas, pero esto implicará una revolución en su manera de definir, cotizar y distribuir sus productos. Pese al hecho de que Johnson and Johnson, compañía internacional del ramo farmacéutico, cuenta con presencia y capacidad manufacturera en la India, no ha introducido en este país su producto Tylenol, importante fuente de ganancias en mercados desarrollados. ¿Por qué? Porque no cree obtener ganancias atractivas de ello. Sin embargo, la aplicación de una estructura de precios y una estrategia de mercadotecnia y distribución que compitiera en el mercado indio probablemente produciría ganancias atractivas derivadas del gran volumen, aun con ventas de bajo margen. Asimismo, esto permitiría a Johnson and Johnson fabricar Tylenol en la India a un precio más bajo y exportarlo a otros países.

La mayoría de las multinacionales farmacéuticas tienen una presencia apenas perceptible en medicinas con y sin receta en los mercados emergentes. Un líder farmacéutico estadunidense sentenció: "En América Latina nunca será posible ganar mucho".[3]

Contrástese esto con la declaración realizada por Robert Wood "General" Johnson en 1943, cuando se propuso reformar la industria farmacéutica con la compañía que llevaba su nombre.

"Esta industria sólo tiene derecho al éxito donde preste un servicio económico real y sea un auténtico bien social."[4]

Si la industria farmacéutica adoptara el credo de 1943 del General Johnson, la vida

182

de cientos de millones de personas en mercados emergentes, con enfermedades que van del VIH/sida a la pulmonía, podrían mejorar. Lo mismo ocurriría con los resultados finales de las compañías farmacéuticas internacionales.

Esta ceguera institucionalizada no es exclusiva de las compañías farmacéuticas. Impide a las multinacionales ofrecer un amplio espectro de productos y servicios que tres mil millones de clientes ignorados necesitan con desesperación y ansían comprar.

En un momento de creciente escasez de agua, la irrigación por goteo, una de las formas más eficientes de dotar de agua a las plantas, representa apenas 1% de la superficie global irrigada. Esto se debe sobre todo a que los sistemas de irrigación por goteo que se venden en la actualidad son demasiado grandes y costosos para el enorme mercado de las microgranjas. Al mismo tiempo, nada menos que la mitad de las ventas de la industria global de la irrigación se efectúan a campos de golf. Si sólo una de cada diez de los cuatrocientos ochenta y cinco millones de granjas en el mundo de menos de dos hectáreas comprara e instalara un sistema de goteo de bajo costo para un cuarto de hectárea, diseñado para adecuarse a pequeñas parcelas y carteras, la superficie global bajo riego por goteo se triplicaría. Pero tanto Netafim, la compañía de irrigación por goteo más grande del mundo, como Jain Irrigator, su equivalente en la India, han rechazado cortés pero firmemente mis repetidos intentos de convencer a su alta dirección de entrar al mercado masivo, relativamente intacto, de los sistemas de goteo pequeños y accesibles.

En contraste, un reducido grupo de multinacionales pero cada vez más influyente lanza ya iniciativas rentables dirigidas a clientes menos ricos. Nestlé, el gigante alimentario con sede en Suiza, recluta a pequeños agricultores de café para surtir de cafés especializados cultivados a la sombra a los millones de europeos y norteamericanos que ya han comprado sus aparatos caseros "Nesspresso" para hacer café exprés. La mayoría de los veintitrés millones de pequeños agricultores de café en el mundo no tienen acceso a las plantas de café, técnicas hortícolas de vanguardia e irrigación accesible requeridas para producir esos cafés especializados. En Nicaragua, así, ECOM —la compañía internacional exportadora de café más grande del mundo, suministradora de gran parte del café especializado para las máquinas "Nesspresso" de Nestlé— y Atlantic, compañía cafetalera internacional proveedora de Nestlé, brindan ya tanto nuevas variedades de plantas de café como cursos de capacitación a pequeños agricultores. La provision de acceso de la IDE a irrigación por goteo de bajo costo en parcelas de prueba contiguas ha generado notables aumentos adicionales de rendimiento y calidad. Si la ampliación de este programa piloto inicial resulta exitosa, ECOM/Nestlé y la IDE planean asociarse para aplicar este método a pequeños agricultores de café en una escala mucho mayor en diversos países en desarrollo, así como a la producción de té y lácteos en microgranjas.

Existen miles de oportunidades como ésta para que las multinacionales tengan un positivo impacto directo en la erradicación de la pobreza, y para que eleven sus ganancias con ello.

183

Qué pueden hacer las universidades

No debería asombrar que las universidades e institutos de investigación tengan los mismos puntos débiles que las corporaciones multinacionales. ¿Cómo puede esperarse que profesores de crianza animal, agricultura o ingeniería de la Colorado State University enseñen a estudiantes de posgrado de Nepal, Etiopía o Malawi cómo criar tres cabras en forma redituable, cultivar fuera de temporada un octavo de hectárea de frutas y verduras diversificadas o diseñar un sistema de aspersores de baja presión para un cuarto de hectárea que dure tres años? No obstante, enseñar la teoría y práctica de vanguardia de cada uno de estos temas hará más por erradicar la pobreza en los mercados emergentes que toda la información que se difunde actualmente sobre criaderos de animales, monocultivos en plantaciones o diseño de segadoras con aire acondicionado y otros accesorios.

Terminar con la pobreza requiere cambios revolucionarios en nuestra manera de pensar y actuar acerca del agua, la agricultura, los mercados y el diseño. Y no hay mejor lugar para iniciar esta revolución que universidades como Wageningen, Stanford, Redding, CalTech y MIT, adonde muchos líderes profesionales y políticos de los países en desarrollo acuden a titularse. Puesto que la mayoría de quienes subsisten con un dólar diario se ganan la vida en granjas de media hectárea, deben desarrollarse cursos y planes de estudio totalmente nuevos centrados en las necesidades agrícolas, de riego, mercado y diseño de las microgranjas. Acabar con la pobreza urbana requiere planes de estudio radicalmente novedosos que enseñen a crear nuevas empresas empleadoras de habitantes de barriadas y gente que vive en la calle y nuevos mercados de productos y servicios de alto valor e intensivos en mano de obra, que aprovechen los bajos costos laborales de esas personas.

Pero las agendas de las universidades, y de sus profesores, están determinadas por el contexto político y comercial en que operan. Las universidades estadunidenses concesionarias de tierras de labranza tienen una agenda agrícola clara, pero que apunta a continuar elevando la eficiencia de las grandes granjas mecanizadas y las grandes operaciones ganaderas que constituyen la agricultura de los países desarrollados. Muchos profesores de agricultura, administración, irrigación y diseño obtuvieron su doctorado ocupándose de problemas de las grandes granjas y maquinaria de gran tamaño, mismas áreas en las que se concentran los terrenos concesionados que son parte vital de estas universidades. Así que los profesores enseñan lo que saben, y jóvenes y brillantes estudiantes de países en desarrollo adquieren una útil formación en agricultura y diseño occidentales con escasa o nula relevancia en su país.

La buena noticia es que los propios alumnos piden a sus profesores que les enseñen cómo cambiar todo eso. Jim Patell, profesor de la Stanford School of Business y principal arquitecto del curso de Diseño para la accesibilidad extrema de la Stanford Design School, me comenta que hace diez años el estudiante habitual que llegaba a Stanford en pos de una maestría en administración de empresas decía: "Enséñeme a convertirme en Bill Gates".

Ahora es más probable que diga: "Enséñeme a hacer la diferencia".

Claro que hoy Bill Gates ha cedido la dirección de Microsoft y también se dedica en gran medida a hacer la diferencia.

Una inquietud importante es, desde luego, que si las universidades logran enseñar a sus alumnos a hacer la diferencia en el mundo, ¿cómo se ganarán éstos la vida? Algunos espíritus valientes han fundado ya sus propias compañías y organizaciones de desarrollo, y otros trabajan en organizaciones como Mercy Corps, Helvetas, Winrock, SKAT o IDE. Sin embargo, las verdaderas oportunidades de trabajo procederán del sector comercial conforme las multinacionales y una extensa variedad de grandes y pequeñas empresas creen nuevos proyectos dirigidos al otro 90% de los clientes, desatendidos hasta ahora.

Qué pueden hacer los institutos de investigación

Muchos de quienes enseñan en universidades también asesoran o trabajan en institutos de investigación dedicados a problemas del desarrollo. El Consultative Group on International Agricultural Research (CGIAR), que realiza investigaciones en apoyo a la revolución verde, ha sido notablemente eficaz en el aumento de la oferta de alimentos en el mundo. Reducir el precio real de los alimentos beneficia a los pobres. Pero poner fin a la pobreza implica crear institutos de investigación que generen nuevas teorías y prácticas para elevar los ingresos de los pobres en áreas rurales y urbanas.

La Red de Prosperidad de las Microgranjas

Propongo formar una red de centros, comparable, en tamaño y alcance, a la del CGIAR, que se llame Red de Prosperidad de las Microgranjas, con un presupuesto anual del orden de los 350 millones de dólares, centrada en investigaciones y prácticas innovadoras para inducir ingresos nuevos en las granjas de media hectárea donde ochocientos millones de personas que subsisten con un dólar al día se ganan actualmente la vida. Los centros de esta red incluirían:

El centro de riego accesible de microgranjas

Se necesita una revolución en la irrigación para diseñar y diseminar una amplia gama de nuevas tecnologías de irrigación de bajo costo que se ajusten a las necesidades de las granjas de media hectárea. El International Water Management Institute (IWMI), integrante del sistema actual del CGIAR, inició en los últimos años importantes trabajos en este campo, pero su énfasis principal sigue siendo la investigación sobre grandes sistemas de riego y la manera de gestionarlos con más eficacia. En fecha reciente la IDE recibió apoyo de la Gates Foundation para preparar el lanzamiento de trece tecnologías de riego de pequeñas

185

parcelas, incluida una variedad de tecnologías accesibles para extracción, almacenamiento y distribución de agua en microgranjas. Pero la IDE es una organización comparativamente pequeña, y aunque organizaciones como KickStart y Enterprise Works/Vita han hecho contribuciones importantes, en especial en el diseño y distribución del sector privado de bombas de pedal, este campo se beneficiaría de la creación de un centro de investigación y difusión dedicado al desarrollo y diseminación masiva de herramientas accesibles de irrigación de microgranjas.

El centro para la innovación en sistemas de usos múltiples

Ya me referí a la posibilidad de integrar la creación de sistemas rurales de agua potable con las oportunidades de ingresos derivadas del uso simultáneo del líquido de nuevos sistemas de agua potable en el riego de cultivos hortícolas intensivos en pequeñas parcelas. IDE, IWMI y otras organizaciones han demostrado ya que los ingresos del uso productivo de una parte del agua que se origina en sistemas de usos múltiples bastan para pagar un préstamo para la construcción de un sistema de ese tipo. Un centro encargado de facilitar la rápida difusión de los sistemas de usos múltiples y de realizar investigaciones de campo daría un acceso económicamente sostenible a nuevas fuentes de agua de uso doméstico para millones de personas que aún no la tienen, y ofrecería nuevas fuentes de agua de riego capaces de incrementar los ingresos de millones de pequeños agricultores.

El centro para la prosperidad agrícola de las microgranjas

Terminar con la pobreza supone una revolución en la agricultura centrada en cultivos generadores de ingresos para las microgranjas. El Centro para la Prosperidad Agrícola de las Microgranjas desarrollará nuevas variedades de cultivos comerciales, intensivos en mano de obra, para parcelas de media hectárea, los métodos de producción requeridos para generarlos y las prácticas de negocios indispensables para venderlos con ganancias atractivas.

El centro para la creación de una nueva prosperidad para los sin tierra

Prácticamente todas las personas "sin tierra" en las áreas rurales de los países en desarrollo no lo son en términos funcionales. La mayoría tiene acceso a entre cien y quinientos metros cuadrados de extensiones agrícolas provistas por terratenientes o comunidades. En IDE Nepal, pequeños agricultores obtienen ingresos netos de hasta 200 dólares cultivando jitomates en la estación de los monzones, y la mayor parte de las familias sin tierra ya amplían su área de cultivo produciendo parras de calabaza en sus azoteas o sembrando uno o dos papayos para su consumo. El Centro para la Creación de una Nueva Prosperidad para Los Sin Tierra organizará concursos de generación de los mayores ingresos posibles en cien metros cuadrados, desarrollará técnicas hortícolas intensivas para optimizar los ingresos procedentes de pequeñas parcelas e investigará maneras en que los sin tierra pueden incrementar sus entradas.

El centro para la creación de mercados para clientes pobres

Una revolución en los mercados implica conocer y buscar maneras de atacar las flagrantes ineficiencias de los mercados existentes en los que individuos de la ciudad y el campo que viven con un dólar diario son compradores y vendedores. El Centro para la Creación de Nuevos Mercados para Clientes Pobres identificará en los mercados rurales y urbanos oportunidades como la que aprovechó Henry Ford, y emprenderá acciones prácticas para explotarlas. En áreas rurales, este centro facilitará el surgimiento de cadenas de suministro del sector privado que ofrezcan a los pequeños agricultores la irrigación, semillas, fertilizantes, control de plagas y crédito que necesitan para producir cultivos de alto valor e intensivos en mano de obra, así como de cadenas de valor que les ayuden a acceder a mercados donde puedan vender sus cultivos con ganancia. En áreas urbanas facilitará la aparición de empresas creadoras de empleos y de mercados de productos de alto valor, intensivos en mano de obra, que puedan aprovechar el bajo costo laboral de los habitantes de barriadas y personas de la calle.

Qué pueden hacer las organizaciones de desarrollo

Desde organizaciones de base rural en la India, con presupuestos de unos cientos de dólares, hasta organizaciones internacionales gigantescas como World Vision, con un presupuesto anual de 1,100 millones de dólares, miles de organizaciones de desarrollo en el mundo trabajan en asuntos relacionados con la pobreza. Su principal defecto es que pocas de ellas saben cómo ganar dinero, y tienen escasa o nula motivación para aprender a hacerlo. El problema es que ayudar a los pobres a ganar más es lo más importante que puede hacerse para acabar con la pobreza.

Cuando en 1981 fundé la IDE, "ventas" era una mala palabra para la comunidad del desarrollo, que consideraba el afán de lucro de las multinacionales y otras empresas comerciales una causa de fondo de la pobreza. En los últimos quince años, los activistas del desarrollo han constatado de modo creciente que no todas las empresas son malas y que estrategias de negocios efectivas brindan herramientas importantes para combatir la pobreza. Pese a esto, la mayoría de las organizaciones de desarrollo regalan cosas, operan en formas que debilitan a las fuerzas sustentables del mercado y erigen su misión y estrategia de recaudación de fondos en torno a lo agradable que se siente donar algo de valor a una persona que lo necesita.

187

La pobreza de los millones de individuos que viven con un dólar diario terminaría si las organizaciones de desarrollo adoptaran unos cuantos principios básicos:

1. Habla con tantas personas pobres como puedas antes de iniciar un programa, y conoce lo mejor posible los contextos específicos en que viven y trabajan.

2. Si tienes un producto o servicio que crees valioso para los pobres, diséñalo de modo que puedas venderlo a un precio accesible para su nivel de ingresos presente. Si deciden no comprarlo, cámbialo o deséchalo.

3. Trata a los pobres como clientes de bienes y servicios, no como receptores de donativos.

4. Deja de regalar cosas, y opónte a los subsidios del gobierno y de benefactores.

5. Diseña y distribuye productos y servicios generadores de ingresos para quienes viven con un dólar al día que ofrezcan un rendimiento neto de su inversión de 300% anual o más.

6. Promueve el surgimiento de cadenas rentables de suministro del sector privado para vender a los pobres lo que necesitan a un precio justo, y de cadenas rentables de valor del sector privado que les permitan vender lo que producen con atractivas ganancias.

7. Da acceso a crédito.

Sé muy bien que se precisa de inversión pública en áreas como salud, educación y transporte, tal como la hay en los países con mercados maduros. Pero en muchas naciones en desarrollo, el gobierno sencillamente no tiene dinero para proveer los caminos, atención a la salud y educación que los pobres necesitan. Sin embargo, cuando tienen acceso a nuevas fuentes de ingresos, los pobres no dejan de sorprenderme con lo que son capaces de hacer por sí solos.

Qué pueden hacer los diseñadores: Diseño para el otro noventa por ciento

Si la totalidad de los solucionadores creativos de problemas en el campo del diseño se ocupan únicamente de los problemas del 10% más rico de los clientes del mundo, es necesaria una revolución en el diseño para incorporar las necesidades del otro 90%. Esto requiere cambios radicales en la enseñanza del diseño en los países tanto ricos como en desarrollo, y la forja de una plataforma para que al menos diez mil de los mejores diseñadores del mundo dirijan su atención a productos y servicios que satisfagan las necesidades del otro 90% de la población mundial.

Cien graduados en ingeniería, administración y humanidades solicitan ingresar cada año al curso de *Diseño para la accesibilidad extrema* impartido por Jim Patell y David Kelly en la Stanford Design School, y sólo entran cuarenta. Este curso integra los principios de diseño ya referidos basados en la búsqueda obstinada de la accesibilidad, en tanto que los alumnos trabajan en equipos multidisciplinarios de diseño a cargo de problemas rurales prácticos que ellos mismos seleccionan tras viajar, a instancias de la IDE, a pueblos de países como Myanmar. El resultado a partir del cual se califica a cada equipo incluye no sólo la calidad y accesibilidad del diseño de una tecnología de vanguardia generadora de ingresos modelada y probada, sino también una presentación promocional, un video breve y un plan de negocios realista. En 2007 un equipo diseñó una bomba de pedal mejorada y más accesible para Myanmar, la llevó a ese país en el verano, al final del curso, la lanzó al mercado y recibió dos mil pedidos de campesinos pobres en menos de dos semanas.

Durante muchos años, Amy Smith ha llevado a estudiantes de licenciatura del MIT a trabajar en diseños rurales en países como Haití, Zambia, India y Ghana, mientras que estudiantes de Cal Tech reclutaron a Ken Pickar, talentoso ingeniero espacial, para que diera un curso sobre problemas de diseño dirigido a Guatemala. A fin de mejorar la comunicación con los entornos rurales, este curso se vinculó con una universidad guatemalteca, y los equipos de diseño incluyen ahora a un estudiante de ese país ocupado en cada problema.

La revolución en el diseño aprovechará la energía de diez mil de los mejores diseñadores del mundo. Me reuní a comer con algunos de ellos en ocasión de la apertura de la exposición "Design for the Other 90 Percent" en el Smithsonian Cooper-Hewitt National Design Museum, inspirada en mis ideas. A Bart Voorsanger, de Voorsanger Architects PC de Nueva York, que diseña grandes residencias privadas y edificios públicos, le fascinó el reto de diseñar una casa de 100 dólares, y yo me reuní con su compañía en 2007 para hablar de su participación.

Hasta hace unos años yo creía que los profesores de irrigación en las universidades eran sencillamente indiferentes a los problemas de riego en los pueblos. Entonces Jack Keller, profesor retirado de ingeniería civil en la Utah State University y experto mundial en irrigación, me invitó a participar en una sesión de lluvia de ideas con académicos de irrigación en su reunión anual. A ellos les encantó la posibilidad de aplicar sus conocimientos de sistemas de aspersores de eje central de sesenta y cinco hectáreas al diseño de un sistema de baja presión y costo y un cuarto de hectárea para microgranjas, y se mostraron dispuestos a colaborar.

Conoce la organización que fundé en 2007, D-Rev: Design for the Other Ninety Percent. (D-Rev significa por supuesto Design Revolution.) La misión de esta organización es hacer realidad la revolución en el diseño.

Uno de sus primeros proyectos es trabajar con la Gates Foundation para diseñar un motor de diesel de un caballo de fuerza que sea para los pequeños agricultores lo que el Toyota Prius fue para los autos. Se le diseñará para operar con eficiencia óptima y bajas emisiones a base de biocombustibles producidos y procesados localmente. En la mesa de proyectos se hallan una compañía internacional para distribuir quinientos millones de anteojos de dos dólares, la casa de 100 dólares y una tecnología de purificación de agua impulsada por fuerza solar capaz de rendir tres mil setecientos ochenta y cinco litros de agua potable comercializable al día a un costo de inversión para un empresario de menos de 100 dólares.

No me hago ilusiones de que D-Rev hará sola la revolución del diseño. Mi sueño sigue siendo el mismo que cuando fundé la IDE: crear un modelo funcional y efectivo que vivifique la revolución en el diseño y la extienda rápidamente alrededor del mundo.

Doce miembros de la familia Thapa, 2007

Bahadur y su familia salen
de la pobreza

Los bienes de la familia de Krishna Bahadur Thapa siguieron multiplicándose. Una vez que él y su familia tuvieron suficiente dinero para comprar fertilizantes y mejores semillas, optaron por las semillas de arroz, más productivas, de la revolución verde, y el rendimiento de su media hectárea de arroz junto al río aumentó de mil doscientos cincuenta a dos mil doscientos cincuenta kilos al año. Sin embargo, para entonces sus hijos, Deu Bahadur Thapa y Puspa, se habían casado y procreado hijos, así que ya había diez bocas que alimentar en vez de seis, y la familia llegó al final del año casi en la misma situación que antes. Cultivaba arroz suficiente para alimentarse, y ganaba entre 50 y 100 dólares en un buen año de ventas de arroz.

En la página siguiente aparecen las notas de campo sobre la producción de arroz de la familia Thapa, justo como las recibí del agrónomo nepalés que trabaja para la IDE y vive a media hora de Ekle Phant.

La familia de Bahadur invirtió parte de sus nuevos ingresos en ganado, y obtuvo entradas considerables de la venta de leche y de cabras para consumir como alimento. Parecía que la familia de Krishna Bahadur Thapa dejaba atrás por fin la pobreza que siempre había conocido. Pero entonces la aquejó la tragedia.

La muerte de Krishna Bahadur Thapa

El 16 de febrero de 2005 había sido un día normal para Krishna Bahadur Thapa. Aunque su médico le había diagnosticado alta presión arterial y Bahadur tomaba medicina para eso, se sentía bien. Esa noche la familia disfrutó de una deliciosa cena de carne de cabra, arroz, dahl (potaje de legumbres) y verduras. Bahadur gustó en particular de un budín hecho con la sangre de la cabra sacrificada. Después de cenar tomó una o dos copas de *raksi*, licor tradicional destilado del mijo, que la familia hacía con un alambique en el patio. Se acostó temprano. Fue hallado sin vida a las cuatro de la mañana siguiente. El médico diagnosticó infarto como causa de la muerte.

Notas de campo sobre Krishna Bahadur Thapa

Producción de arrozales
  a. Ahora
    Variedad: Mansuli

    Producción: 2,250 kg (45 muris); 1 muri = 50 kg

    Fertilizantes: Urea, 8 kg; de DAP, 5 kg; potasio, 2 kg; como capa superficial
                     adicional se usan 15 kg de urea.
                     Abono orgánico, 300 dokos (10,500 kg); 1 doko = 35 kg
                     Después de descascarar, cuentan con aproximadamente 1,350 kg
                     de arroz.

  b. Antes
    Variedad: Local

    Producción: 1,250 kg (25 muri). (La producción era suficiente para la familia.
                     A veces vendía arroz sobrante, porque tenía menos miembros.)

    Fertilizante: Abono orgánico

El 25 de enero de 2007 fui a visitar al hijo de Bahadur y su familia para saber cómo y por qué había muerto Bahadur y cómo se encontraba la familia. El jefe de familia era ya el hijo mayor de Bahadur, Deu Bahadur Thapa, de treinta años. Él mismo me recibió cordialmente en su casa, justo antes del mediodía. Más tarde me enteré de que se había ausentado de una importante reunión de la cooperativa de productores de naranja para pasar el día conmigo.

Me preocupaba que la reciente prosperidad de Bahadur Thapa hubiera contribuido a su muerte. ¿Su dieta, más rica en carnes, había elevado el nivel de colesterol malo en su sangre o incrementado su consumo de *raksi*? Pero su hijo Deu me explicó que en Nepal pocas personas llegan a los sesenta años, y que Bahadur había muerto dichoso a los sesenta y tres. Dijo que aunque bebía un poco de *raksi* de vez en cuando, jamás se había excedido. Sabiendo lo mucho que él y su familia habían luchado siendo pobres, no me cabe la menor duda de que Bahadur pasó algunos de los años más felices de su vida viendo que su familia dejaba atrás la pobreza para siempre.

Deu Bahadur Thapa me dio entonces magníficas noticias. Al momento de mi visita, en enero de 2007, dos años después de la muerte de Bahadur, su familia ganaba la asombrosa cantidad de 4,816 dólares al año, procedentes de varias empresas. Se quedaba con 4,008 en ingresos netos, veinte veces más que cinco años antes y mucho más de lo que ganaba la mayoría de los empleados de IDE Nepal.

194

La nueva casa de Krishna Bahadur Thapa.

La familia Thapa riega ahora casi media hectárea entera (cuatro mil metros cuadrados) de verduras, y el año pasado su venta le reportó un total de 2,185 dólares. Las verduras son su principal fuente de ingresos. De las trece variedades que cultiva, el pepino y la coliflor fuera de temporada son los que más ingresos generan —542 dólares el pepino y 417 la coliflor—, mientras que el jitomate rinde otros doscientos veintidós.

Práctica de riego actual

Del total de la casi media hectárea (cuatro mil metros cuadrados) de verduras irrigadas, mil metros cuadrados se riegan por goteo, dos mil quinientos con aspersores y quinientos de tierras muy escarpadas a mano con manguera. Puesto que un nuevo sistema comunal de agua potable fue instalado por la Youth Foundation, el sistema original de Helvetas sólo se emplea para riego, y ahora lo usan dieciséis familias en vez de las ocho de hace cinco años. Deu Bahadur cuenta ya con un segundo tubo de riego de media pulgada, procedente de otro arroyo que también suministra agua las veinticuatro horas del día. Me contó que del total de setenta y dos familias en Ekle Phant, sesenta y seis cultivan verduras

195

La familia de Krishna Bahadur Thapa posee cuatro bueyes, una vaca,
cuatro cabras y cuatro búfalos y vende diez litros de leche al día.

regadas fuera de temporada, tres veces más que hace cinco años, cuando también estuve de visita. Mientras subía con él hacia algunas de las nuevas fuentes de agua, vi que el paisaje exhibía mangueras negras de media pulgada, las cuales se abrían sinuoso paso por tres ramales hasta las parcelas de verduras irrigadas.

Desplazamiento al mercado de las verduras de la familia Thapa

En vez de tener que decidir todos los días si comerciar sus verduras en un puesto en el mercado, con vendedores ambulantes o con mayoristas, ahora la familia Thapa las vende a mucho mejor precio mediante el centro de comercialización comunal. En los tres últimos años, la IDE y su socia Winrock International han trabajado con numerosas organizaciones de base en el establecimiento de más de sesenta centros rurales de acopio, cada uno de los cuales renta una pequeña bodega llamada *godown* y contrata a un comisionista de ventas con teléfono celular. Una familia puede producir ocho kilos diarios de berenjena, pero setenta familias producen lo suficiente para atraer a los comerciantes, y los comisionistas transmiten pronto información de demanda y preferencias de calidad que los agricultores pueden in-

Tabla 7. *Producción de verduras e ingresos de Deu Bahadur y su familia, 2006*

VERDURAS	EXTENSIÓN CUBIERTA (EN ROPANIS) (500 m²)	EXTENSIÓN CUBIERTA (EN HECTÁREAS) (10,000 m²)	PRODUCCIÓN (EN KG)	VENTAS (EN RUPIAS)	VENTAS (EN DÓLARES)
Coliflor	5	0.25	1,500	30,000	416.67
Col	1	0.05	500	5,000	69.44
Pepino	5	0.25	2,600	39,000	541.67
Papa	3	0.15	800	9,600	133.33
Chile	1	0.05	50	1,000	13.89
Jitomate	2	0.10	800	16,000	222.22
Calabaza betel (karela)	1	0.05	500	10,000	138.89
Calabaza (ghiraula)	5	0.25	1,200	11,250	156.25
Frijol	6	0.30	900	18,000	250.00
Berenjena	1	0.05	500	5,000	69.44
Calabaza	1	0.05	200	2,000	27.78
Rábano	1	0.05	300	1,500	20.83
Verduras verdes			Total	5,000	69.44
Otras			Total	4,000	55.55
Suma global				157,350	2,185.40

corporar a sus prácticas de cultivo y clasificación. Un comité de comercialización compuesto por agricultores dirige el centro de acopio de Ekle Phant, el cual lleva por nombre Pragati Taja Flafhul Thatha Tarakari Samuhan, o sea Grupo Pragati de Frutas y Verduras Frescas. El comisionista que presta sus servicios a este comité les vende a varios compradores en Damauli, Mugling y Dhumre.

Cornucopia de empresas de base

Más allá de su negocio de verduras, la familia Thapa se ha diversificado. En las tablas 8 y 9 se resumen sus ingresos procedentes de otras empresas y sus gastos anuales, justo como me fueron reportados.

La familia Thapa había crecido a diez miembros. Puspa Bahadur Thapa, el hijo menor de Krishna Bahadur Thapa, de veintiséis años, se casó en 2005. Mientras que antes la familia había tenido que esforzarse en extremo para ganar cien dólares al año, esta vez gastó quinientos cincuenta y cinco dólares en las celebraciones nupciales. Puspa tenía una hija de dos meses. La abuela la mecía dulcemente en un columpio formado con un largo trozo de tela azul mientras yo conversaba con Deu Bahadur Thapa.

Frijoles de la granja Thapa en camino al centro de acopio de Ekle Phant.

Me enteré de que la familia había hecho una inversión importante en ganado. Ahora poseía cuatro bueyes, una vaca, cuatro búfalos (incluidos dos becerros) y cuatro cabras. Compró un búfalo lechero adulto en viente mil rupias, y crió los otros tres desde pequeños. Vende un promedio de diez litros de leche al día, de dos búfalos.

También tiene tres colmenas tradicionales, pequeños troncos ahuecados colgados con alambres de vigas de soporte fuera de la casa. No vende miel; consume toda la que produce.

Hace dos años, la familia pagó veinticinco mil rupias por cinco ropanis (un cuarto de hectárea) de terreno con naranjos a dos horas de camino de su casa en las montañas, y de inmediato empezó a plantar más naranjos. En 2006 obtuvo 347 dólares del naranjal. Ganó 208 dólares adicionales vendiendo cabras para su consumo, y 694 vendiendo leche de búfalo. Por un amigo en el departamento oficial de pesca, Krishna Bahadur Thapa se enteró de que había escasez de pececillos para estanques, así que cavó un pequeño estanque para criar pececillos tilapia a partir de hueva obtenida en ese departamento. El año pasado la familia ganó apenas 49 dólares de la crianza de peces, pero espera aumentar sus ventas el año próximo.

Tabla 8. *Otros ingresos*

CONCEPTO	INGRESOS-AÑO (EN RUPIAS)	INGRESOS (EN DÓLARES)
Servicio (de Katar)	95,000	1,319.44
Pesquería	3,500	48.61
Venta de naranjas	25,000	347.22
Venta de cabras	15,000	208.33
Venta de leche	50,000	694.44
Otros (mijo, etc.)	1,000	13.88
Total	189,500	2631.94

Por último, hace dos años el hijo menor de Krishna Bahadur Thapa, Puspa Bahadur Thapa, emigró a Katar como parte de un contrato de dieciocho meses con una compañía petrolera. Supe que obtener un trabajo como ése no era fácil. La familia tuvo que pagar a un contratista un adelanto de setenta mil rupias en efectivo para conseguir el empleo, y los contratistas suelen engañar a sus clientes. La familia pagó directamente una parte de esa cantidad y pidió un préstamo para el resto, que Puspa fue capaz de reembolsar en nueve meses. Tras cubrir sus gastos, envió a casa 1,319 dólares en 2006. Durante el alzamiento maoísta, muchas familias nepalesas enviaron a sus hijos al extranjero para ponerlos a salvo. Numerosas familias rurales en Nepal reciben remesas de miembros suyos en el exterior; antes eran de los gurkhas en el ejército británico, hoy lo son de contratos de trabajo en Medio Oriente.

Tabla 9. *Egresos*

CONCEPTO	MONTO (EN RUPIAS)	MONTO (EN DÓLARES)
Alimentos y ropa	40,000	555.55
Educación	10,000	138.89
Servicios médicos	12,000	166.67
Festividades	15,000	208.33
Total	77,000	1,069.44

La familia Thapa cría pececillos a fin de venderlos a criadores para sus estanques.

Cómo invierte la familia Thapa sus nuevos ingresos

Tan pronto como Krishna Bahadur Thapa y su familia empezaron a recibir ingresos nuevos, invirtieron parte de ellos en educación. Aunque las dos esposas de Bahadur son analfabetas, sus dos hijos terminaron la preparatoria. La esposa de Puspa cursó hasta el séptimo grado, y la de Beu Bahadur hasta el octavo. Todos los nietos de Krishna seguirán yendo a la escuela mientras puedan y quieran. En 2006 la familia invirtió 139 dólares en educación. La tabla 10 muestra su nivel educativo actual.

Por supuesto, la dieta de la familia ha mejorado enormemente. En 2006 gastó 556 dólares en comida y ropa. Consumió verduras en cada comida, que aportan vitaminas, minerales y diversidad, y habiendo dependido casi exclusivamente del arroz y las lentejas como fuente de proteínas, ahora añade porciones de pescado y carne.

Hace dos años la familia construyó una flamante casa de dos pisos, de cemento y piedra, a un costo de 2,083 dólares. Para mi azoro, me pegué en la cabeza al subir a ver y filmar el nuevo granero de cemento para almacenar arroz. Por desgracia, como el contenedor carecía de tapa que cierre herméticamente, las ratas consumían 10% del arroz guardado en él.

Tabla 10. *Información sobre la familia Thapa, septiembre de 2006*

Nombre	Edad	Nivel educativo	Parentesco
Padam Maya Magar	56	Analfabeta	Primera esposa de K. B. Thapa
Sumitra Maya Magar	48	Analfabeta	Segunda esposa de K. B. Thapa
Deu Bahadur Thapa	30	Hasta preparatoria	Hijo mayor
Devi Maya Magar	31	Hasta octavo grado	Esposa de Deu Bahadur
Puspa Bahadur Thapa	26	Hasta preparatoria	Hijo menor
Kali Thapa Maagar	24	Hasta séptimo grado	Esposa de Puspa
Lok Bahadur Thapa	8	En tercer grado	Hijo de Deu Bahadur
Saraswati Maya Magar	12	En cuarto grado	Hija de Deu Bahadur
Om Maya Magar	10	En cuarto grado	Hija de Deu Bahadur
Tara Maya Magar	2 meses	Bebé	Hija de Puspa

La familia ya puede obtener rápida atención a la salud si alguien se enferma. Después de todo, tal vez la medicina para la presión arterial prolongó la vida de Krishna Bahadur Thapa. La familia gastó 167 dólares en servicios médicos en 2006.

Sé que todo esto parece demasiado bello para ser verdad, y que podría sospecharse que decidí *a posteriori* contar la historia de una familia excepcionalmente exitosa. Pero no es así. Elegí como tema a Krishna Bahadur Thapa y su familia desde mi visita cinco años atrás, cuando él cultivaba apenas un octavo de hectárea de verduras y obtenía 500 dólares anuales en ingresos nuevos. Resolví contar su historia entonces porque me pareció un individuo emprendedor e innovador, y porque él y su familia me simpatizaron. La noticia de su muerte me sacudió, y no supe hasta mi visita de principios de 2007 lo próspera que su familia se había vuelto.

Claro que a la mayoría de los agricultores que sobreviven con un dólar al día no les va tan bien como a Bahadur y los suyos. Pero casi todos pueden aumentar sus ingresos anuales netos en al menos 500 dólares produciendo fuera de temporada un octavo de hectárea de frutas y verduras de cultivo intensivo. Y prácticamente todos los agricultores con quienes me he entrevistado invierten parte de su riqueza recién obtenida en mejor educación para sus hijos, mejor dieta, mejor vivienda y, sobre todo, cada vez mejores ingresos agrícolas.

Hay ochocientos millones de familias rurales que viven con un dólar al día parecidas a la de Krishna Bahadur Thapa. A doscientos millones de ellas se les clasifica oficialmente como familias sin tierra, pero tienen acceso funcional a terrenos suficientes para ganar de 50 a 100 dólares al año en nuevos ingresos netos produciendo cultivos comerciales de alto valor. Los seiscientos millones restantes tienen acceso al menos a un octavo de hectárea, suficiente para aumentar sus ingresos netos anuales en 500 dólares o más, como fue el caso de la familia de Krishna Bahadur. Otros trescientos millones de personas o más que ganan un dólar diario viven en barriadas urbanas o en las calles. Como sus iguales en el campo, tienen grandes oportunidades de elevar sus ingresos aprovechando su bajo costo laboral para generar productos de alto valor, intensivos en mano de obra y hacerlos llegar mediante nuevos mecanismos del mercado a clientes más prósperos.

Muchas personas me han dicho, desde luego, que si tantos agricultores pobres cultivan frutas y verduras fuera de temporada, pronto inundarán el mercado. Oí esta predicción durante veinte años en Bangladesh, pero aun después de que vendimos 1.5 millones de bombas de pedal y pusimos bajo riego trescientas mil hectáreas, el mercado no se saturó, más allá de las fluctuaciones normales de cada mercado. La demanda de cultivos y verduras crece rápidamente en la mayoría de los países en desarrollo al aumentar sus ingresos, y el hecho es que los pequeños agricultores no están obligados a acaparar el mercado para poder prosperar; les basta con tener una ventaja comparativa sobre los grandes agricultores que les permita vender aun cuando las grandes plantaciones compitan con ellos.

He conocido a varias familias de un dólar diario tan exitosas como la de Krishna Bahadur Thapa. Una familia que conocí en Himachal Pradesh, a dos horas y media en carretera y tres y media en tren desde Delhi, comenzó cultivando una amplia variedad de flores para el mercado de esta última ciudad. Fascinado con su oficio, le dejé mi tarjeta. Tres años después recibí un mensaje de correo electrónico, enviado desde la computadora de esa familia, en la que ésta me preguntaba cómo estaba. Su negocio había crecido pronto. Las flores llegaban en camión al tren a medianoche, cuando no se requería refrigeración, y se vendían en el mercado de flores de Delhi a las cinco de la mañana.

Pero aun si la familia de Krishna Bahadur fuera la única que en el lapso de unos cuantos años ha pasado de tener apenas lo suficiente para comer a ganar 4,000 dólares anuales y seguir prosperando, ¿por qué el ejemplo de una sola familia no habría de bastar para dar esperanzas a las demás? Si la familia de Krishna Bahadur pudo salir de la pobreza, educar a sus hijos y mejorar entre tanto su dieta, salud y vivienda, entonces, dada la oportunidad, muchas personas entre los mil doscientos millones que viven con un dólar diario en el mundo entero también pueden hacerlo.

NOTAS

DOCE PASOS PARA RESOLVER PROBLEMAS PRÁCTICOS

[1]   http://thinkprogress.org/2005/09/01/fema-director-we-did-not-know-new-orleans-convention-center-was-a-hurricane-shelter

LOS TRES GRANDES MITOS DE LA ERRADICACIÓN DE LA POBREZA

[1] William Easterly, "Was Development Assistance a Mistake?", en *The American Economic Review*, vol. 97, núm. 2, mayo de 2007.

[2] William Easterly, *The White Man's Burden: Why the West's Efforts to Aid the Rest Have Done So Much Ill and So Little Good*, Penguin Press, Nueva York, 2006.

[3] William Easterly, "Was Development Assistance...", *op. cit.*

[4] *Ibíd.*

[5] http://news.bbc.co.uk/2/hi/science/nature/3397393.stm

[6] United Nations Department of Economic and Social Affairs (UNDESA), Millennium Development Goals Report 2006. http://mdgs.un.org/unsd/mdg/Resources/Static/Products/Progress2006/MDGReport2006.pdf

[7] *Ibíd.*

[8] UNDESA, *op. cit.*

[9] Las cifras se ajustaron a la inflación.

[10] UNDESA, *op. cit.*

[11] Food and Agriculture Organization of the United Nations, The State of Food Insecurity in the World 2004, p. 8. www.fao.org/docrep/007/y5650e/y5650e00.htm

[12] UNDESA, *op. cit.*

[13] *Ibíd.*

[14] *Ibíd.*

[15] C. K. Prahalad, *The Fortune at the Bottom of the Pyramid*, Wharton School Publishing, Upper Saddle River, 2005.

[16] *Ibíd.*

TODO EMPIEZA POR GANAR MÁS

[1] Paul Hunt, Manfred Nowak y Siddiq Osmani, *Human Rights and Poverty Reduction: A Conceptual Framework*, Organización de las Naciones Unidas (ONU), Nueva York y Ginebra, 2004, p. 16.

DISEÑO PARA EL OTRO NOVENTA POR CIENTO

[1] Cooper-Hewitt Exhibit Catalog, *Design for the Other 90%*, Cooper-Hewitt National Design Museum, Nueva York, 2007.

[2] La cobertura mediática incluyó a *The New York Times, Wall Street Journal, International Herald Tribune* y estaciones de la National Public Radio en Wisconsin.

[3] Constituida en Colorado en 2007, D-Rev está por lanzar tres empresas internacionales dirigidas a clientes pobres al mismo tiempo que apoya la revolución en diseño que se describe en este libro.

DE LA SUBSISTENCIA A LOS NUEVOS INGRESOS

[1] Hunger Report 2005, "A Conversation with Dr. Norman Borlaug on the Past, Present, and Future of Hunger in the Developing World", en Fifteenth Annual Report on the State of World Hunger, p. 27. http://www.bread.org/learn/hunger-reports/hunger-report-pdfs/hunger-report-2005/Chapter-1.pdf

IRRIGACIÓN ACCESIBLE DE PEQUEÑAS PARCELAS

[1] Paul Polak, "The Design Process for the IDE Low-Cost Drip-Irrigation System", en Urs Heierli y Paul Polak, *Poverty Alleviation as a Business. The Market Creation Approach to Development,* Swiss Agency for Development and Cooperation, mayo de 2000, pp. 95-100.

[2] Sandra Postel, Paul Polak, Fernando Gonzales y Jack Keller, "Drip Irrigation for Small Farmers: A New Initiative to Alleviate Hunger and Poverty", en *Water International,* vol. 26, núm. 1, marzo de 2001, pp. 3-13.

[3] G. A. Cornish y P. Lawrence, *Informal Irrigation in Periurban Areas: A Summary of Findings and Recommendations,* H. R. Wallingford, Reino Unido, 2001.

[4] Rob Gallagher, *The Rickshaws of Bangladesh,* Dhaka University Press, 1992.

UNA NUEVA AGRICULTURA PARA MICROGRANJAS

[1] Oksana Nagayets, "Small Farms: Current Status and Key Trends", en Future of Small Farms Research Wokshop (organizado por International Food Policy Research Institute/2020 Vision Initiative, el Overseas Development Institute y el Imperial College, Londres), Wye College, Reino Unido, 26-29 de junio de 2005; International Food Policy Research Institute (IFPRI), Washington. Las tablas de The Future of Small Farms se reproducen con autorización del International Food Policy Research Institute, www.ifpri.org. Las actas de ese taller de las que provienen dichas tablas pueden encontrarse en línea en www.ifpri.org/events/seminars/2005/smallfarms/sfproc/sfproc.pdf

[2] Oksana Nagayets, *op. cit.,* gráfica 1. Reproducida con autorización del IFPRI.

[3] *Ibíd.,* gráfica 2. Reproducida con autorización del IFPRI.

[4] *Ibíd.,* gráfica 3. Reproducida con autorización del IFPRI.

[5] *Ibíd.*

[6] *Ibíd.,* Reproducida con autorización del IFPRI.

[7] Oksana Nagayets, *op. cit.* Reproducido con autorización del IFPRI.

[8] Regassa, E. Namara, Parakrama Weligamage y Randolph Barker, *Prospects for Adopting System of Rice Intensification in Sri Lanka: A Socioeconomic Assessment,* International Water Management Institute, Colombo, 2002. http://www.iwmi.cgiar.org/pubs/pub075/Report75.pdf.

[9] Norman Uphoff, "The System of Rice Intensification: Using Alternative Cultural Practices to In-

crease Rice Production and Profitability from Existing Yield Potentials", en *International Rice Commission Newsletter*, núm. 55, Food and Agriculture Organization, Roma, 2007.

[10] http://www.iwmi.cgiar.org/livelihoods/index.htm

[11] *The Future of Small Farms: Proceedings of a Research Workshop*, Wye College, Reino Unido, 26-29 de junio de 2005, IFPRI, Washington.

[12] J. R. Burleigh, L. L. Black, Lun G. Mateo *et al.*, "Performance of Grafted Tomato in Central Luzon, Philippines: A Case Study of the Introduction of a New Technology Among Resource-limited Farmers", en *Plant Management Network*, primero de julio de 2005. http://www.plantmanagementnetwork.org/pub/cm/management/2005/tomato

CREACIÓN DE MERCADOS ROBUSTOS PARA CLIENTES POBRES

[1] The Energy Foundation, Bellagio Memorandum on Motor Vehicle Policy, Bellagio, 2001.

[2] Paul Polak, "How IDE Installed 1.3 Million Treadle Pumps in Bangladesh by Activating the Private Sector", en Urs Heierli y Paul Polak, *Poverty Alleviation as a Business. The Market Creation Approach to Development*, Swiss Agency for Development and Cooperation, mayo de 2000, pp. 101-108.

[3] www.technoserve.org/africa/ghana-pineapple.html

[4] *Ibíd.*

[5] www.adaptive-eyecare.com/tecnology.html

[6] www.neweyesfortheneedy.org/vision/faqs.html

[7] Graham Macmillan, comunicación personal, enero de 2007.

BARRIADAS: INCUBADORA DE OPORTUNIDADES DE NUEVOS INGRESOS

[1] Kalpana Sharma, *Rediscovering Dharavi: Stories from Asia's Largest Slum*, Penguin Books India, 2000, pp. 75-78.

[2] http://www.communityplanning.net/makingplanningwork/mpwcasestudies/mpwCS05.htm

[3] Pietro Garau, Elliot Sclar y Gabriella Carolini, *A Home in the City: Improving the Lives of Slum Dwellers*, Earthscan, Londres, 2005, p. 11.

[4] Kalpana Sharma, *op. cit.*, pp. 75-78.

[5] UN-HABITAT Publication. http://www.un.org/Pubs/chronicle/2006/issue2/0206p24.htm

[6] UN-HABITAT Publication. http://www.un.org/Pubs/chronicle/2003/issue4/0403p19.asp

[7] United Nations Settlement Program, *The Challenge of Slums. Global Report on Human Settlements 2003*, UN Publications, 2003, Nueva York, pp. 103-104. http://www.unhabitat.org/pmss/getPage.asp?page=bookView&book=1156

[8] Pietro Garau, Elliot Sclar y Gabriella Carolini, *op. cit.*

[9] http://news.bbc.co.uk/1/shared/spl/hi/world/06/dharavi_slum/html/dharavi_slum_5.stm

[10] Steve Haggblade, J. Boomgard, S. Davies y D. Mead, "Subsector Analysis: Its Nature, Conduct, and Potential Distribution to Small Enterprise Development", Department of Economics, Michigan State University. http://ideas.repec.org/p/msu/idpwrk/026.html

[11] Marina Samuf, "Favela fashion brings pride and jobs to Brazilian slum", en *Brazzil Magazine*, 2 de agosto de 2006. http://www.brazzil.com/index.php?option=com_content&task=video&id=9665&Itemid=78

La pobreza y el planeta

[1] L. Srole, T. S. Langner *et al.*, *Mental Health in the Metropolis: The Midtown Manhattan Study*, New York University Press, julio de 1978.

[2] T. H. Holmes y R. H. Rahe, "The Social Readjustment Rating Scale", en *Journal of Psychosomatic Research*, vol. 11, 1967, pp. 213-218.

[3] Informe de Swiss Development Cooperation (SDC) sobre la iniciativa de bombas manuales de la IDE en Vietnam, Berna, 2002.

[4] Paul Polak, Deepak Adhikari, Bob Nanes, Dan Salter y Sudarshan Suryawanshi, "Transforming Rural Water Access Into Profitable Business Opportunities", en Patrick Moriarty *et al.*, *Beyond Domestic: Case Studies on Poverty and Productive Uses of Water at the Household Level*, IRC International Water and Sanitation Centre, Delft, 2004, pp. 153-172.

Acciones para terminar con la pobreza

[1] http://www.oecd.org/document/40/0,2340,en_2649_34447_36418344_1_1_1_1,00.html

[2] http:/www.time.com/time/magazine/article/0,9171,923275,00.html

[3] Suresh Kumar, "Prólogo", en *Roadmap for the Emerging Markets*, Nicholas Hall & Company, Reino Unido, primero de noviembre de 2003, pp. i-vii.

[4] Suresh Kumar, *Benchmarking for OTC*, Nicholas Hall & Company, Reino Unido, julio de 2005, pp. 169-170.

Fuentes

Cooper-Hewitt Exhibit Catalog, *Design for the Other 90%*, Cooper-Hewitt National Design Museum, Nueva York, 2007.

Easterly, William, "Was Development Assistance a Mistake?", en *The American Economic Review*, vol. 97, núm. 2, mayo de 2007.
www.nyu.edu/fas/institute/dri/Easterly/File/Was_Development_Assistance_a_Mistake.pdf

Easterly, William, *The White Man's Burden: Why the West's Efforts to Aid the Rest Have Done So Much Ill and So Little Good*, Penguin Press, Nueva York, 2006.

Heierli, Urs y Paul Polak, *Poverty Alleviation as a Business. The Market Creation Approach to Development*, Swiss Agency for Development and Cooperation, mayo de 2000.

Nagayets, Oksana, "Small Farms: Current Status and Key Trends", en Future of Small Farms Research Wokshop (International Food Policy Research Institute), Wye College, Reino Unido, 26-29 de junio de 2005.
www.ifpri.org/events/seminars/2005/smallfarms/sfproc/Appendix_InformationBrief.pdf

Polak, Paul, "The Big Potential of Small Farms", en *Scientific American*, número especial, "Crossroads for Planet Earth", septiembre de 2005.

Postel, Sandra, *Pillar of Sand: Can the Irrigation Miracle Last?*, W. W. Norton and Co., Nueva York, 1999.

Postel, Sandra, Paul Polak, Fernando Gonzales y Jack Keller, "Drip Irrigation for Small Farmers: A New Initiative to Alleviate Hunger and Poverty", en *Water International*, vol. 26. núm. 1, marzo de 2001.

Schumacher, E. F., *Small Is Beautiful: Economics as if People Mattered*, Harper & Row, Nueva York, 1973.

United Nations Department of Economic and Social Affairs, *Millennium Development Goals Report 2006*, UN Statistics Division, junio de 2006.
http://mdgs.un.org/unsd/mdg

Agradecimientos

Viajé tanto en los últimos veinticinco años que es de sorprender que mi esposa, Aggie, no me haya dejado desde hace tiempo. Al contrario, apoya mi trabajo, y nos queremos mucho. Mis hijas, Amy, Kathryn y Laura, ya han hecho su vida, pero cuando eran adolescentes interpretaban el tema de *El hombre de la Mancha* cada vez que yo volvía cansado y desanimado de un viaje. Comparten mi sueño de poner fin a la pobreza, y me dan algo de la energía que necesito para continuar.

Escribir un libro es un trabajo pesado. Iba a anotar *muy* pesado, pero una voz en mi cabeza me conminó a eliminar la palabra *muy*. "Resta fuerza a lo que quieres decir", me dijo. Mi amigo Fred Platt, médico y autor de Denver, editó minuciosamente todos los borradores de este libro, y su voz editorial quedó indeleblemente grabada en mi cerebro.

Steve Piersanti es un editor sumamente talentoso, y sus sugerencias dieron forma y dirección al manuscrito. Las animadas conversaciones que sostuve con mi amigo de toda la vida Arnold Ludwig, durante largas caminatas en la costa de Rhode Island, me ayudaron a reformular y aclarar mis conceptos. Bhimsen Gurung, quien trabajó veinte años en el sistema de extensión agrícola de Nepal y desempeña un importante papel de liderazgo en IDE Nepal, me acompañó en entrevistas con Krishna Bahadur Thapa y su familia, y su aprecio por la gente del campo y buen humor transmitieron energía a nuestras conversaciones. Gracias también a Ashok Baral, ingeniero asistente de IDE Nepal, uno de los excelentes empleados de campo de la IDE (los hay muchos), quien recopiló información detallada sobre la granja de Bahadur.

Gran parte de lo que he aprendido sobre la pobreza procede directamente del compromiso y aprendizaje continuo de varios centenares de empleados de la IDE que operan en los pueblos. Gerry Dyck fue el primer empleado de campo de esta organización. Tenía veintiséis años y acababa de salir de la universidad cuando lo conocí, en el aeropuerto de Malton, en Toronto, camino a Somalia. Le había ido muy bien en un negocio de verano que introdujo el uso de elevadores hidráulicos para pintar graneros, y quería llevar a cabo algo para hacer una diferencia en el mundo. Por Art DeFehr, hombre de negocios que era un modelo a seguir para muchos jóvenes, se enteró de que yo iría a Somalia a hacer algo útil en campamentos de refugiados, así que pagó su boleto de avión. Pasé cuatro meses con él en Somalia poniendo en marcha el proyecto de las carretas tiradas por burros, del que después

Gerry mismo se hizo cargo, con espléndidos resultados. Ahora tiene un exitoso negocio de importación de tapetes en Canadá y Estados Unidos.

La mayoría de quienes llegan a trabajar a la IDE tienen una historia muy parecida a la de Gerry Dyck. Ven en esta organización un vehículo para cumplir sus sueños. En varios pasajes de este libro he descrito lo que aprendí de Gerry en el proyecto de las carretas. Gran parte de lo que escribí se derivó de programas puestos en práctica en los últimos veinticinco años por cientos de magníficos empleados de la IDE. Mencionaré sólo a unos cuantos, que hablarán por el resto. Deepak Adhikari es un ingeniero nepalés que invirtió su creatividad en el diseño del sistema de goteo de bajo costo de Nepal, así como en diversos artefactos de almacenamiento de agua. Abdus Sobhan obtuvo su título de ingeniero en Dhaka y trabajó quince años en la IDE. Sabe más que nadie acerca de bombas de pedal y cómo diseñarlas, fabricarlas y repararlas. Como director de la IDE en Bangladesh, Bob Nanes fue un importante arquitecto en el aumento de las ventas nacionales de bombas de pedal de treinta mil a ciento veinticinco mil unidades al año, con lo que creó nuevos modelos de comercialización rural. Más tarde dirigió doce años el programa en Nepal, durante el lanzamiento de innovaciones como los centros de acopio descritos en este libro, donde unas setenta familias rurales llevan sus verduras para que un comisionista las venda.

Jim y Debbie Taylor y su empeñoso personal han hecho milagros en la comercialización de bombas de pedal e irrigación accesible en Myanmar. Amitabha Sadangi ha sacado de la pobreza a cientos de miles de pequeños agricultores con irrigación de bajo costo y acceso a mercados, así como poniendo en marcha el programa de la IDE en la India, hoy una organización autónoma. Nguyen Van Quang y su equipo han creado modelos de comercialización no subsidiada de letrinas dirigida a clientes pobres en Vietnam, y Mike Roberts y su equipo han hecho lo propio con filtros cerámicos de agua de siete dólares en Camboya. El economista Xaopeng Luo, uno de los líderes de la descolectivización en China y cuya familia vivió la época de Mao, me enseñó de historia y cultura chinas, durante nuestros largos viajes nocturnos en tren a provincias de la cuenca del río Amarillo, más de lo que yo habría podido aprender en un libro. Fritz Kramer, de las oficinas generales de la IDE, es el líder clave de la evolución del modelo PRISM y desempaña un papel catalizador en el proceso de vinculación de campesinos con diversos mercados. Bob Yoder y Zenia Tata ayudaron a formular muchos de los conceptos vertidos en esta obra. Miembros del consejo de administración como Bill Fast, Al Doerksen y Art y Frank DeFehr en Canadá; Paul Myers, Michael Edesess y Mohan Uttarwar en Estados Unidos, y Michael Lipton y Linda Macleod Brown en el Reino Unido han hecho mucho por crear y mantener el modelo de la IDE que se describió en este volumen.

Jack Keller es una autoridad mundial en irrigación y miembro del consejo de la IDE. Preparó el sistema de irrigación por goteo de bajo costo de esta organización para su lanzamiento al mercado mundial, trabajando muy de cerca con IDE India y J. N. Rai. Tras haber definido las normas mundiales de la irrigación convencional por goteo, se retractó y creó una nueva serie de normas para microgranjas. Jack ha vuelto visible y creíble para la comunidad mundial de la irrigación el riego accesible de pequeñas parcelas. Bob Havener, ya desaparecido miembro del consejo de la IDE, llevó la agricultura de las microgranjas hasta los líderes agrícolas del mundo. Michael Lipton ha hecho aportaciones decisivas acerca de la pobreza rural. Sandra Postel es una amiga de mucho tiempo que me instruyó sobre el agua y el medio ambiente, y Vern Ruttan ha brindado siempre una orientación invaluable en economía agrícola, junto con mi amigo de Boulder Wyn Owen.

En 2005 conocí a cuatro personas que cambiaron para siempre mi concepción del diseño. Conocí a Michael y Karin Cronan, de Cronan Design; Ann Willoughby, de Willoughby Design Group, y Cheryl Heller, de Heller Communications, en la Aspen Design Summit. De ahí partimos a una sesión de lluvia de ideas de dos días en Nueva Escocia, lluvia que no ha cesado desde entonces. Eso permitió engendrar, junto con Barbara Bloemink, la exposición en Cooper-Hewitt "Design for the Other 90%", y me ayudó a llegar a la esencia de lo que la IDE y yo hemos aprendido en los últimos veinticinco años, gran parte de lo cual se ha destilado en estas páginas.

He colaborado durante muchos años con Urs Heierli, quien aportó un liderazgo innovador al trabajo de la IDE con pequeños agricultores como coordinador de la Swiss Development Cooperation (SDC) en Bangladesh, y luego en la India, y hemos colaborado en muchas iniciativas y conceptos en torno a la pobreza en los últimos veinte años. La SDC ejerció un activo liderazgo de benefactores en la interacción entre irrigación para pequeños agricultores y medio ambiente. Karin Roleofs, del Ministerio del Exterior holandés, ha sido notable amiga y asesora, y ese ministerio ha brindado un apoyo valioso a la labor de la IDE, lo mismo que la Lemelson Foundation y mis amigos Philip y Donna Berber, de Glimmer of Hope Foundation. Profeso gran admiración a la Bill and Melinda Gates Foundation, que también apoya la labor de la IDE. Me agrada mucho su disposición a considerar nuevas soluciones a viejos problemas y su insistencia en impactos y ampliabilidad mensurables en un proyecto viable.

Ante todo, espero que *Cómo acabar con la pobreza* dé voz a miles de tenaces agricultores de un dólar al día como Krishna Bahadur Thapa, su hijo Deu y los demás miembros de su familia. Su historia es un gran ejemplo para mí, y espero que también lo sea para los lectores.

ÍNDICE ANALÍTICO

Acerca del autor

"Yo pensaba que el mago estadunidense del agua Paul Polak estaba medio loco mientras lo perseguía por el campo de Zambia en tanto que él llevaba económicos sistemas de irrigación a pequeños agricultores", escribió Fen Montaigne, colaborador de *National Geographic*, tras haber pasado una semana con Polak en Zambia.

"Pero Polak es un personaje admirable, y fue muy divertido seguirle la pista a este dinamo. En el río Kefue, llevó su montaje itinerante a un pueblo empobrecido. Cientos de personas se acercaron mientras él demostraba cómo una bomba de pedal —bomba de agua de bajo costo operada con los pies— podía regar sus campos. Al tiempo que, sofocados, algunos jóvenes de su equipo y yo buscábamos una sombra para guarecernos, Polak —empapado de sudor— no paraba de hablar, convenciendo a los lugareños de que pequeñas cosas como una bomba podían cambiarles la vida."

Montaigne llegó a aburrirse mucho en este viaje, cuando Polak charlaba con un agricultor tras otro, enterándose con meticuloso detalle de cómo vivían, soñaban y obtenían su ingresos y de qué creían que podía sacarlos de la pobreza. Este libro se basa en las extensas conversaciones de Polak con más de tres mil pequeños agricultores en países en desarrollo. Lo que aprendió de esos empresarios de sobrevivencia tercos y excepcionales se convirtió en los principios operativos simples de la organización fundada por él mismo, International Development Enterprises (IDE), la cual ha ayudado a salir de la pobreza a más de diecisiete millones de personas que sobreviven con menos de un dólar al día.

Polak ha escrito más de cien ensayos y artículos sobre agua, agricultura, diseño y desarrollo, así como relativos a la salud mental. Se le han dedicado artículos en medios impresos como *National Geographic, Scientific American, Forbes, Harpers, The New York Times* y *Wall Street Journal*. Entre sus reconocimientos están el de Entrepreneur of the Year for the Western States, que le otorgó Ernst and Young en 2003; el Tech Museum Prize de 2004, por el diseño del sistema de irrigación por goteo de bajo costo de la IDE, y el *Scientific American* Top Fifty de ese mismo año, por su contribución a la política agrícola.

Acerca de la IDE

La International Development Enterprises (IDE) inició sus labores hace veinticinco años, cuando tres individuos inquietos acordaron poner diez mil dólares cada uno para fundarla. Art DeFehr dirigía entonces Palliser Furniture, negocio iniciado por su papá que se convirtió pronto en la compañía mueblera más grande de Canadá. Don Hedrick dirigía a su vez un supermercado y centro comercial en Lancaster, Pennsylvania, y Paul Polak trabajaba como psiquiatra y era empresario en su tiempo libre. Desde el primer proyecto, que consistió en fabricar y vender quinientas carretas tiradas por burros a empresarios refugiados en Somalia, hasta su concentración presente en la rentable agricultura intensiva de microgranjas, la misión de la IDE ha sido servirse de estrategias prácticas de negocios para elevar los ingresos de personas pobres que viven con un dólar al día.

"Al principio trabajaba en una recámara de mi casa como empleado único, y los siete primeros años fui voluntario, pues vivía de lo que había ganado como empresario en otros negocios", relata Polak. "Nuestras primeras subvenciones procedieron del gobierno de Canadá y de la ONU, para el proyecto de las carretas tiradas por burros, y más tarde conseguimos otra subvención del gobierno canadiense para vender bombas de pedal en Bangladesh y otros países, proyecto que fue todo un éxito. Aun en ese tiempo, hace veintidós años, ya vendíamos la bomba de pedal a un precio justo, y al igual en el proyecto de las carretas, los pobres que invertían en ella recibían a cambio una suma tres veces mayor durante el primer año."

La IDE cuenta con trece personas en sus oficinas generales en Denver, y con quinientos cincuenta empleados de tiempo completo originarios de los nueve países donde realiza directamente sus proyectos: Bangladesh, India, Nepal, Camboya, Vietnam, Myanmar, Zambia, Zimbabue y Etiopía. Esta organización ha tenido impacto en la vida de tres millones y medio de familias agrícolas que viven con un dólar al día (17.5 millones de individuos), y trabaja con sus socios a fin de llegar a treinta millones de familias para 2020.

La IDE obtiene resultados en entornos difíciles de pobreza extrema, infraestructura deficiente, enfermedades y guerra. El hecho de que 90% de sus empleados trabajen en las naciones ya citadas revela que esta organización se sirve del método empresarial descrito en este libro para tener éxito ahí donde los modelos tradicionales de desarrollo han fracasado. La IDE escucha a sus clientes, los pobres del campo, acerca de sus necesidades, y luego desarrolla soluciones adecuadas y accesibles que incrementan sus ingresos. Estas soluciones incluyen el desarrollo y comercialización de tecnologías de acceso y control de agua, la impartición de conocimientos y capacitación y un mayor acceso a mercados.

Para más información, consulte www.ide-international.org

_____

Esta obra se imprimió y encuadernó
en el mes de junio de 2011,
en los talleres de Dédalo Offset S.L.,
que se localizan en la
calle Vázquez Menchaca, nº 9,
Polígono Industrial Argales,
47008 Valladolid (España)